뇌를 **최적화**시키는

생활명상 10분

뇌과학 명상을 활용한 알아차리는 기술

신재한 · 임운나

박영story

프롤로그

이스라엘 석학자인 유발 하라리 교수는 변화하는 세상을 효과적으로 대처하기 위해서는 마음의 균형mental balance을 맞추는 감성 지능emotional intelligence 계발이 매우 중요하다고 주장한다. 이러한 마음의 평정심을 찾기 위해서는 명상이 매우 중요하다. 명상은 긴장과 잡념에 시달리는 현실세계로부터 의식을 객관적으로 분리함으로써 밖으로 향하였던 마음을 자신의 내적인 세계로 향하게 하고, 외부에 집중하고 있는 의식을 안으로 돌려줌으로써 마음을 정화시켜 심리적인 안정을 이루게 하여 육체적 휴식을 주고 몸의 건강을 돌보게 한다.

이러한 명상은 '흙탕물을 컵에 담아 탁자 위에 가만히 올려놓으면 조금씩 흙은 밑으로 가라앉고 물은 깨끗하게 되는 현상'에 비유할 수 있기 때문에, 마음과 몸의 흥분이 가라앉게 되면 두뇌는 신체에 더 이상 스트레스 메시지를 보내지 않아 이완되고 건강한 상태가 될 수 있다. 따라서, 명상은 전통적으로 한층 더 높은 의식상태 혹은 더 건강하게 여겨지는 상태에 도달하고자 정신적 과정을 가다듬는 것을 목적으로 하는 의식적 훈련이지만, 현대에서는 이완을 목적으로 하거나 어떤 종류의 심리적 치료를 목적으로 행해질 수도 있다. 결론적으로 말하자면, 인간이 항상 일상생활에서 일어나는 모든 행위에 깨어 있는 상태로 바라보고 자신을 알아차리는 기술 즉, 생활명상을 통해서 '명상화된 삶'을 살 수 있고, 두뇌를 최적화시킬 수 있다.

특히, 본 저서는 1부. 뇌과학 명상의 이해, 2부. 뇌과학 생활명상 실천법, 3부. 마음 에너지를 충전하는 생활명상으로 구성되어 있다. 1부에서는 명상의 기초, 명상의 뇌과학적 이해, 명상 실습 준비, 명상의 유형 등으로 구성되어 있고, 2부에서는 호흡명상, 집중명상, 걷기명상, 마음챙김명상, 자애명상, 두뇌챙김명상 등으로 구성되어 있다. 또한, 3부에서는 다도명상, 치유명상, 셀프힐링명상, 춤명상, 자연명상, 가족명상, 리더명상 등으로 구성되어 있다.

본 저서는 명상과 두뇌의 관계를 탐색하여 두뇌에 기반한 생활명상 실천법을 내용으로 구성하여, 생활명상을 지도하는 방법, 단계, 주의사항, 실전 연습 멘트를 모두 제시하고 있기에 명상을 처음 배우는 초보자, 심리치료 및 상담가, 자녀를 기르는 부모, 학생들을 가르치는 교사 등 누구든지 쉽게 활용할 수 있다. 아무쪼록 본 저서가 뇌과학 생활명상을 실천하는 데 기초가 되는 기본 지침서가 되기를 바라는 마음이다. 끝으로 본서 출판에 도움을 주신 박영사 가족 여러분께 감사를 드린다.

2020년 6월

신재한

차례

제/1/부

뇌과학 명상의 이해

명상이 어느 때부터 시작되었는지 정확하게 알 수 없지만, 문헌상 명상의 방법에 대해 언급된 것 중 최초의 것은 지금부터 약 5,000여 년 전 '탄드라(Tantras)' 라고 불리는 인도의 고대 성전에 기록된 것이다. 하지만 비록 더 이상의 오래된 기록은 찾을 수 없지만, 훨씬 이전부터 명상은 전해져 왔을 것으로 짐작할 수 있다(장현갑, 2013).

Ⅰ. 명상의 기초

1. 명상의 역사

명상이 어느 때부터 시작되었는지 정확하게 알 수 없지만, 문헌상 명상의 방법에 대해 언급된 것 중 최초의 것은 지금부터 약 5,000여 년 전 '탄드라Tantras'라고 불리는 인도의 고대 성전에 기록된 것이다. 비록 더 이상의 오래된 기록은 찾을 수 없지만, 훨씬 이전부터 명상은 전해져 왔을 것으로 짐작할 수 있다(장현갑, 2013).

명상은 인간의 정신생활의 기본이 되는 것으로 인류가 살아온 원동력이면서도 서구에서 발달된 것과 동양 특히 인도에서의 그것이 서로 차원을 달리 하고 있으며, 인도에서도 여러 학파에 따라서 그 내용이 달리하면서 오늘날까지 전해오고 있다(박은희, 2003).

인간은 마음을 효과적으로 순화하고 개선시키기 위한 신념과 적극적이고 지속적인 수행 방법을 통해 자기 스스로의 소원성취를 달성하기 위한 수단으로써 종교에 의지하고 있다. 따라서, 명상은 종교적 목적을 달성하고 자아완성을 이루기 위해서 행해야 할 수행의 방법으로 행하였다(박은숙, 2015).

특히, 동양적 명상에서 종교나 철학이 추구하는 주제는 생로병사에 따른 현재의 마음상태에서 벗어나 보다 이상적인 순순한 원초적 마음의 상태로 환원하는 실천지를 명상이라고 한다(박은숙, 2015).

명상을 종교적으로 중요시하여 체계적으로 발전시킨 인도는 요가라는 독특한 수행을 통해서 종교 문화의 꽃을 피웠다(정현갑, 2004). 이러한 요가를 통해서 종교 문화를 형성하고 세계 어느 민족보다 가장 높은 정신문화로 발전할 수 있었다(정태혁, 1987).

한편, 인도의 요가나 불교에서 사용하는 정신수련법을 통해서 도달한 마음의 상태를 '다냐Dhyana'라고 한다. 이러한 'Dhyana'는 시끄럽고 산란한 마음을 가라앉혀 고요하고 집중된 마음 상태와 그에 이르는 수양법(박석, 2006)으로서, 인간 속에 있는 신성, 완전한 인간성을 발견하는 과정이라 할 수 있다(박은숙, 2015).

원래 요가는 B.C. 3000년 이전부터 수행자들에 의해서 전해지면서 종교적 목적을 달성하고, 인격의 완성을 가하기 위해서 행해지는 유일한 방법으로 통했다(서정섭, 2006). 오늘날까지 이어오면서 요가는 인도 사람들의 종교적 수행이라고 이해되고 있으며, 인도인들은 이것을 인격완성의 유일한 길이며, 또한 몸과 마음을 올바르게 하는 가장 뛰어난 지혜라고 한다(정태혁, 1987).

오늘날 인도의 요가는 일종의 미용이나 건강을 위한 것으로 이용되고 있고 일부 학자들에 의해 정신적인 면이 강조되자 학문적으로 높은 가치를 인정받고 있다. 종교적인 차원을 넘어서서 생활 속의 요가를 '카르마 요가'라고 하고 신앙심을 가지고 신에 대한 전념을 가르치는 요가를 '바르카 요가'라 한다(박은희, 2003).

또한, 인도를 비롯한 고대 동양의 종교나 철학의 핵심 주제는 고통스러운 현존적 마음의 상태로부터 보다 완전한 이상적인 마음의 상태로 초월해 가려는 데 있다. 이러한 마음의 고통에서 벗어나 아무런 왜곡 없는 순수한 마음 상태로 돌아가는 것을 초월transcendence이라 하며 이를 실천하려는 것이 명상冥想: meditation이다(David, 1993).

서양에서도 서양심리학의 한계성을 인식하고 동양사상에 대하여 관심이 고조되고 있으며, 특히 동양 고유의 심신 수련 방법에 대한 관심은 날로 증가하고 있다. 특히, 동양 문화는 전통적으로 인간 정신의 규명과 발전에 많은 관심과 노력을 기울여 왔으며, 이와 같은 정신문화의 배후에는 정신을 수련하는 방법과 실천이 항상 중요한 역할을 하였다(서정섭, 2006).

특히, 서구 학자들이 주도한 명상의 연구는 초기 불교 경전의 기록에 사용된 고대 인도의 팔리pali어 '사티sati'에서 비롯되었다. 'sati'는 불교 전통의 모든 명상법의 토대가 되는 개념(siegel et al, 2009)으로서, '주의, 기억'의 뜻으로 사용되고 있다(김완석, 2016).

또한, 1975년 서구에서 명상을 발전시킨 Herbert는 각성 상태에서 의식의 구속에서 벗어나 자유로운 상태를 만들어 의식적 자아를 원초적 자아로 본질적 접근을 유도하는 초월 명상transcendental meditation을 시도하였다. 그 후, 1990년 Kabt-Zinn은 마음챙김에 근거한 스트레스 감소를 위해 'sati'의 개념을 발전시킨 MBSRmindfulness based stress reduction명상을 보급하였다.

2. 명상의 필요성

4차 산업혁명 시대 미래 사회는 매우 급변하게 변화한다. 이스라엘 석학자인 유발 하라리 교수는 변화하는 세상을 효과적으로 대처하기 위해서는 마음의 균형mental balance을 맞추는 감성 지능emtional intelligence 계발이 매우 중요하다고 주장하고 있다. 이러한 마음의 평정심을 찾기 위해서는 명상이 매우 중요하다. 마음의 평정심을 유지하면 스트레스를 잘 조절할 수 있고 관리할 수 있다.

특히, Selye(1976)는 인체의 비특이적인 반응을 나타나게 하는 원인을 '스트레스 원'이라고 정의하면서, 우리 몸이 세 단계에 걸쳐 스트레스에 반응한다는 가설을 내놓았다. 스트레스 원에 대한 인체의 동일한 반응을 '일반적 적응 증후군'이라고 명명하고, '경고반응[1]', '저항단계[2]', '소진단계[3]'로 나누어 설명하였다.

첫 번째 경고반응 단계에서는 투쟁 또는 도피반응fight-or-flight response과 비슷한 정보반응이 신체 전반에서 일어난다. 인간이 스트레스를 받았을 때 우리의 몸에서는 생리적, 심리적, 행동적 반응이 일어나는데 이를 '투쟁 또는 도피반응fight-or-flight response'이라고 한다.

두 번째 저항단계에서는 우리 몸이 저항하거나 항상성 회복을 추구하는 식으로 스트레스 요인에 적응한다. 스트레스 요인이 오래도록 지속되거나 아주 강력한 경우 우리 몸이 탈진해 버리는 세 번째 소진단계가 나타난다.

이런 반응에 주로 관여하는 부위는 시상하부, 뇌하수체, 부신피질로서 이를 통칭해서 HPA 축[4]이라 부른다. 뇌의 편도체에서 지각된 자극이나 위험신호는 시상하부의 뇌실방핵을 자극해 코르티코트로핀 방출 호르몬CRH[5]을 분비하도록 한다. CRH는 뇌하수체 줄기에 있는 문맥을 통해 뇌하수체 전엽으로 전달되며 여기에서 부신피질자극호르몬ACTH[6]이 분비되도록 유도한다(장현갑, 2010). 이 ACTH는 부신피질

---

1 경고반응(alarm reaction)

2 저항단계(resistance)

3 소진단계(exhaustion)

4 HPA축(hypothalamic-pituitary-adrenal axis)

5 코르티코트로핀 방출 호르몬(corticotropin-releasing hormone: CRH)

6 부신피질자극호르몬(adrenocorticotropic hormone: ACTH)

로 전달되며, 자극을 받은 부신피질은 코르티솔cortisol을 합성해 혈류로 방출한다(Girdano et al., 2008). 코르티솔은 매우 중요한 스트레스 호르몬으로 뇌를 포함한 신체 전반에 작용해 스트레스 저항과 항상성 회복에 관여한다([그림 참조]).

또한, 4차 산업혁명 시대는 몸과 마음이 경직된 상태보다는 이완된 상태를 유지해야만 시대적 사회적 변화에 적극적으로 잘 대처할 수 있다. 이완된 상태는 교감신경계가 과잉 활동하는 상태에서 부교감신경계가 우세하도록 바뀐 상태로서, 몸과 마음이 편안한 상태를 유지할 수 있다. 이러한 이완 상태를 유지하는 방법 중 하나가 호흡과 명상이다.

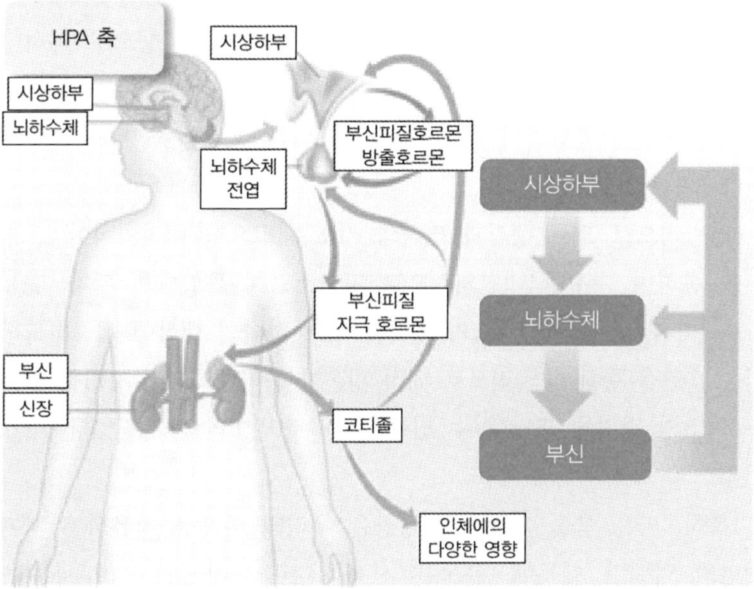

한편, 4차 산업혁명 시대는 자기 자신을 객관적으로 바라보는 성찰 능력 즉, 메타인지meta-cognition 능력을 향상시킬 필요가 있다. 이러한 메타인지 능력은 청소년의 학업 성적을 향상뿐만 아니라, 직장인의 업무 능력도 향상시킬 수 있다는 장점을 가지고 있기 때문에, 최근에 많은 관심을 가지고 있다. 메타인지는 상위인지, 초인지 등 다양한 용어로 사용되고 있는데, 호흡과 명상을 통해서 자신을 성찰하는 객관적인 안목이 생길 수 있다.

3. 명상의 개념

명상의 어원은 라틴어 contemplatio, meditatio에 해당하여 묵상, 관상의 의미이고 '깊이 생각하다', '묵묵히 생각하다' 등으로 해석할 수 있다(박은숙, 2015). 즉, 명상은 마음을 자연스럽게 안으로 몰입시켜 내면의 자아를 확립하거나 종교 수행을 위한 정신집중 상태라 할 수 있다(서정순, 2014).

일반적으로 모든 생각과 의식의 기초는 고요한 내면의식이며, 명상을 통하여 순수한 내면의식으로 자연스럽게 몰입하게 된다(서정섭, 2006). 따라서, 명상은 인간의 의식을 어느 하나의 대상에 집중하도록 하는 훈련을 통해 궁극적으로 내적 평온함이 극대화되어 자기를 만나는 최고의 경지에 도달할 수 있는 정신수련법이라 할 수 있다(장현갑, 2004).

특히, 약은 몸을 치료하고 명상은 우리의 존재를 치유하는 자기 내면의 약이기 때문에, 운동은 신체를 건강하게 하는 'physical-exercise'라고 하는 반면에, 명상은 정신을 건강하게 하는 'mental-exercise'라고 한다(박은숙, 2015).

다시 말해, 명상은 긴장과 잡념에 시달리는 현실세계로부터 의식을 떼어 놓음으로써 밖으로 향하였던 마음을 자신의 내적인 세계로 향하게 하고, 외부에 집장하고 있는 의식을 안으로 돌려줌으로써 마음을 정화시켜 심리적인 안정을 이루게 하여 육체적 휴식을 주고 몸의 건강을 돌보게 한다(서정순, 2006).

또한, 명상은 '흙탕물을 컵에 담아 탁자 위에 가만히 올려 놓으면 조금씩 흙은 밑으로 가라앉고 물은 깨끗하게 되는 현상'에 비유할 수 있기 때문에, 마음과 몸의 흥분이 가라앉게 되면 두뇌는 신체에 더 이상 스트레스 메시지를 보내지 않아 이완되고 건강한 상태가 될 수 있다(장현갑, 2013).

마음챙김명상의 개발자인 Kabat-Zinn(1990)은 '마음에서 일어나는 것을 판단하거나 평가하지 않고, 의도적으로 현재의 순간에 주의를 집중할 때 발생하는 알아차림'으로 정의하였다. 또한, 명상은 '눈을 감고 고요히 생각한다'는 뜻으로 의식을 어느 하나의 대상에 집중하도록 하는 훈련을 통해 궁극적으로 내적 평온함이 극대화 되어 진정한 자기를 만나는 최고의 경지에 이르도록 하는 정신 수련법으로 장현갑(1996)은 정의하였다. 더욱이, 정태혁(2007)은 "마음을 자연스럽게 안으로 몰입시켜 내면의 자아를 확립하거나 정신집중을 널리 일컫는 말" 또는 "눈을 감고 고요히 생각한다"라고 정의하였다.

이 외에도 명상은 '이완을 목적으로, 의도적willfully and purposefully으로 자신의 주의를 조절하고, 자신 혹은 개인 성장과 초월을 탐구하는 것'으로 정의할 수 있다(Brefczynski-Lewis et al. 2007). 또한, 명상은 알아차림을 통해 있는 그대로의 실상을 검증해 가는 방법과 과정(권수련, 2018)으로 정의하기도 한다. 이러한 명상은 마음이 또렷하게 깨어 있으면서도 신체는 이완된 상태로서, 각성, 이완, 평온감이 동시에 나타나는 마음과 몸의 평화 상태라 할 수 있다(장현갑, 2013).

따라서, 명상이란 전통적으로 한층 더 높은 의식상태 혹은 더 건강하게 여겨지는 상태에 도달하고자 정신적 과정을 가다듬는 것을 목적으로 하는 의식적 훈련이지만, 현대에서는 이완을 목적으로 하거나 어떤 종류의 심리적 치료를 목적으로 행해질 수도 있다(安籐 治, 2009).

한편, '나는 누구인가?', '나는 어디를 향해 가고 있는가?'에 대한 물음은 인간 존재에 대한 기본적인 물음이며, 그 물음에 대한 해답을 찾기 위한 시도로써 종교, 철학, 심리학 등이 탄생했다. 최근에는 명상을 '진정으로 우리가 누구인지를 알아가는 과정'으로 인식하여 자아를 깨닫는 체계적인 기술(김윤탁, 2018)로 정의하고 있다.

결론적으로 말하자면, 인간이 항상 일상생활에서 일어나는 모든 행위에 깨어 있는 상태로 바라볼 수 있다면 모든 생활이 '명상화된 삶'이라 할 수 있다(박은숙, 2015).

4. 명상의 오개념

명상의 오개념은 다음과 같이 정리할 수 있다(장현갑, 2013; 김윤탁, 2018).

첫째, 명상은 불교 등과 같이 특정 종교와 관련되어 있다고 주장하는 것이다. 명상은 과거에는 특정 종교와 관련되어 있었으나, 현재는 자신의 진정한 자아를 자각하고 깨어있는 상태에서 어떤 것을 행할 때 수행하는 모든 것을 의미한다. 이러한 명상을 통해서 영적인 깨달음과 성장까지도 기대할 수 있다.

둘째, 명상을 지루하고 어렵다고 주장하는 것이다. 지루하고 어렵다는 선입견으로 인해 명상을 지속적으로 실천하는 데 어려움이 많다. 영유아는 재미있는 놀이 형태로 명상을 접근할 수 있고 단순히 눈을 감고 호흡을 관찰하는 것부터 시작해서 손쉽게 명상을 실천할 수 있다.

셋째, 명상할 때 반드시 가부좌를 앉아야 한다고 주장하는 것이다. 두 다리를 완전히 꼬고 앉아 있는 가부좌는 어려운 자세로서, 초보자는 명상을 수행하기가 쉽지 않기 때문에, 의자에 앉아 등을 기대거나 누워서 명상을 하는 등 자신에게 편한 자세로 취할 수 있다.

넷째, 명상은 조용한 특정한 장소에서 실시해야 한다고 주장하는 것이다. 명상은 세상과 함께 하려는 것이지, 절이나 기도원 같이 세상과 차단된 장소에서만 수행하는 것이 아니다. 즉, 자동차 경적 소리, 학생 고함 소리 등 있는 그대로의 현실에서 여과 없이 수용할 수 있어야 한다.

5. 명상의 효과

명상은 마음의 안정, 자기 통제력 증진, 알콜 중독 및 스마트폰 중독 치료, 심리 치료, 신체적 건강 증진, 메타인지 능력 향상, 영성 향상 등 다양한 효과가 있다(장현갑, 2013; 김정호, 김완석, 2013; 김윤탁, 2018).

첫번째, 스트레스 상태에서는 신체적 및 정서적으로 항상 긴장되어 있지만, 명상을 통해서 주의집중을 하게 되면 흥분이나 긴장이 사라지고 몸과 마음이 차분해진다. 즉, 스트레스를 유발하는 내적 또는 외적 자극을 멈추게 함으로써 신체적 및 정서적으로 이완 및 휴식 상태를 유지할 수 있다.

두번째, 명상을 하면 혈압이 내려가고 심장박동이 느려져 심장병 발병의 위험률이 낮아지는 효과가 있다. 이는 몸과 마음의 긴장을 이완시켜 교감신경계의 작용보다는 부교감신경계의 작용이 더 우세하기 때문이다.

세번째, 명상을 하면 세로토닌serotonin 분비가 증가되기 때문에, 우울증보다는 행복감을 느낄 수 있다. 세로토닌은 행복감을 느끼게 하는 신경전달물질이기 때문에, 우울증 예방 및 치료에 많은 도움을 줄 수 있다.

네번째, 장기간 스트레스를 받게 되면 코르티솔 분비가 증가하기 때문에, 스트레스를 해소하기 위해 음식을 과다하게 섭취함으로써 비만이 될 우려가 많다. 따라서, 명상을 통해 효과적으로 스트레스를 대처할 수 있는 역량을 길러 줌으로써 코르티솔 분비를 최소화하여 비만을 예방할 수 있다.

다섯번째, 명상을 하면 두통 등 각종 만성 통증을 감소시킬 수 있다. 즉, 명상을 통해 신체 조절 작용이 개선되어 스스로 신체가 치유되는 것은 물론, 통증에 대한 주의 초점이 다른 곳으로 이동하기 때문에, 각종 만성 통증 환자의 증후가 개선될 수 있다.

여섯번째, 명상을 하면 사고 작용을 멈추는 훈련을 할 수 있다. 즉, 명상은 일상적으로 인간이 가질 수 있는 자기와 세계에 대한 인식의 틀(관점)을 멈추게 함으로써 습관적이고 자동적으로 인식하지 않고 자기와 세계를 있는 그대로 경험할 수 있는 기회를 제공할 수 있다.

일곱번째, 명상을 하면 삶에 대한 태도가 바뀌고 건전한 가치관과 인생관을 가질 수 있다. 즉, 명상을 통해 일상의 작은 문제보다는 전체적인 상황을 보는 시야가 넓어지고 특정 사건에 대한 인과관계에 대한 통찰력이 향상되는 등 지혜가 생길 수 있다.

여덟번째, 명상을 하면 텔로미어telomere의 길이가 길어져 노화를 지연시키고 치매를 예방할 수 있다. 생명 노화 과정을 촉진시키는 '유리기'라는 활성산소 발생을 억제하고 텔레머라아제telomerase라는 효소의 활동성을 높임으로써 두뇌의 노화를 예방할 수 있다.

아홉번째, 명상을 하면 독감, 암 등 살상세포killer cells나 NK세포라는 면역세포의 수치를 증가시킴으로써 병균을 퇴치할 수 있다. 이 외에도 명상을 통해서 제2형 당뇨병, 퇴행성 관절염, 알레르기 관련 질병, 피부병, 만성 피로 증후군, 소화기 계통 질병 등 신체의 전반적인 기능이나 면역 기능을 개선할 수 있다.

열번째, 명상을 하면 특정 개념이나 대상에 집중하는 능력이 향상되어 학습 능력과 기억 능력이 증진될 수 있다. 또한, 명상을 통해서 창의적인 아이디어를 브레인스토밍brainstorming하는 창의성도 향상시킬 수 있다.

열한번째, 명상을 하면 공격성이 감소하고 불안감이나 공포심도 줄어든다. 즉, 일반적으로 심각한 스트레스 상태나 공포 상태에 부딪혔을 경우 우측 전두엽과 편도체가 과도한 흥분 상태를 보이기 때문에, 명상을 통해서 좌측 전두엽을 활성화 시키고 편도체의 활동을 낮출 수 있다.

열두번째, 명상을 통해 집착에서 벗어나고 타인을 사랑하고 용서하는 너그러운 마음을 갖게 된다. 명상을 하면 자신의 감정을 정화하는 용서 상태를 만들고 과거의 상처나 고통을 치유함으로써 타인에 대한 자비심까지 가질 수 있다.

열세번째, 명상을 하면 과거에 별로 관심을 두지 않았던 일들에 관심을 두게 되어 자신과 타인에 대한 알아차림 능력을 기를 수 있다. 즉, 명상을 통해서 자신이나 남들의 마음에 대한 이해 능력이나 알아차림 능력을 향상시킬 수 있다.

열네번째, 명상을 통해서 영적인 깨달음을 추구할 수 있기 때문에, 자신의 존재 이유 즉, 삶의 목적을 발견하는 데 도움을 줄 수 있다. 따라서, 명상을 하면 의미있고 가치있는 일에 좀 더 헌신적으로 봉사하는 인생의 목표를 설계할 수 있다.

Ⅱ.
명상의 뇌과학적 이해

1. 명상과 뇌 구조 및 기능의 변화

동일한 연령대에 통찰명상을 수련한 사람들의 두뇌와 일반인의 두뇌를 MRI 분석한 결과, 통찰명상을 수련한 사람들은 일반인에 비해 뇌도insula, 감각피질, 전두피질 등이 더 두꺼워서 40~50대 통찰명상 수련가가 20~30대 일반인과 비슷하게 나타났다(Lazar, et al, 2005). 이는 오랫동안 명상을 지속적으로 하면 뇌의 활동 양상이 달라지고, 명상수행자의 뇌 구조 자체에 변화가 일어났음을 의미한다. 명상 수행자와 일반인의 두뇌 차이가 많이 나는 부분이 <그림1>과 같이 표시되어 있다.

또한, 명상을 수련한 시간이 길수록 좌측 측두엽과 뇌도insula의 회백질의 밀도가 높게 나타났을 뿐만 아니라, 좌측 해마의 회백질의 밀도도 높게 나타났다(Hölzel et al, 2007; 2011). 이러한 결과를 통해 장기적인 명상 수련은 뇌도insula, 감각피질, 전두피질, 해마 등 뇌 구조물의 자연적 퇴화 및 노화를 억제할 수 있다는 것을 알 수 있다(김완석, 2016).

그림1 • 일반인과 명상 수행자의 두뇌 차이

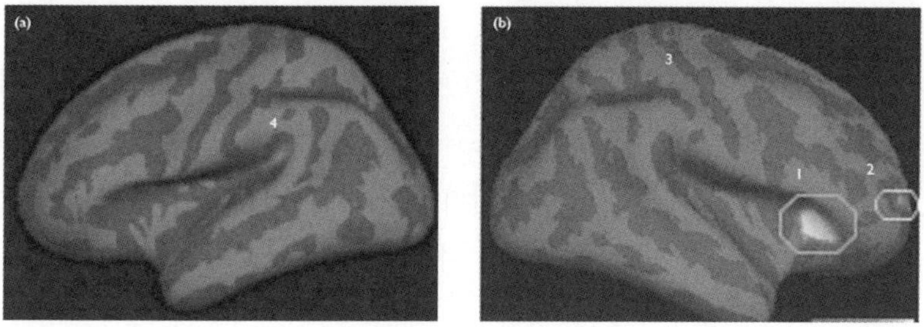

A: 일반인 두뇌　　　　　B: 명상 수행자 두뇌

인간은 자신의 내부에 주의를 집중하면 뇌의 '디폴트모드네트워크default mode network'가 활성화되고, 외부에 주의를 집중하게 되면 '실행 연결망executive network'이 활성화된다(Maron－Katz, et al, 2014). 명상을 통해 주의집중을 하는 데 방해가 되는 요소인 잡념은 디폴트모드네트워크default mode network의 활성화와 매우 밀접한 관계가 있다(Christoff et al, 2011).

명상 수련을 하는 사람은 디폴트모드네트워크default mode network의 주요 영역에서의 활동이 감소할 뿐만 아니라, 후방대상피질과 배측전방대상피질dorsal ACC, 배외측전전두엽 간 연결을 강화시킴으로써(Grant et al., 2011; Xue, Tang, & Posner, 2011; Brewer et al., 2011), 인지 기능은 향상되는 반면에, 잡념은 감소하는 것으로 나타났다. 이와 반대로, 배측전방대상피질은 집중명상을 하는 동안에 뚜렷하게 활성화되고(Hölzel et al., 2007; Tang et al., 2009), 두께도 증가시킴으로써(Grant, Courtemanche, duerden, Duncan, & Rainville, 2010) 실행 연결망의 효율성과 통합성을 향상시키는 것으로 나타났다(Tang, Lu, Fan, Yang, & Posner, 2012). 이는 명상을 통해서 부정적인 감정은 감소시키고(Jha, Stanley, Kiyonaga, Wong, & Gelfand, 2010), 긍정적인 감정은 증가시키는 것은 물론, 산만하고 잡다

한 생각과 행동들을 줄여준다고 보고한 Feldman 등(2010)의 연구 결과와 일치한다.

특히, 명상이 두뇌의 구조와 기능에 미치는 영향을 분석하기 위해 fMRI를 분석한 결과, 전전두피질prefrontal cortex: PFC, 전측대상피질anterior cingulate cortex: ACC의 활동을 증가시켜 장기적인 명상을 통해 주의조절과 관련된 두뇌 영역의 활성화가 나타났다(Chiesa, Calati, & Serretti, 2011; Hölzel et al, 2007).

한편, 우울한 사람의 두뇌는 우뇌의 전두엽 활성화가 좌뇌의 전두엽 활성화보다 큰 것으로 나타나(Vuga et al, 2006; Henriques & Davidson, 1991; Gotlib, 1998; Henriques et al, 1997), 상대적으로 우뇌보다 좌뇌의 전두엽 활성화가 감소한다는 것을 알 수 있다. 이러한 연구 결과는 좌뇌의 전두엽 활성화는 긍정적인 적극적인 감정과 관련되는 반면에, 우뇌의 전두엽 활성화는 부정적이고 소극적인 감정과 관련되는 것으로 보고한 Davidon과 Irwin(1993)의 연구 결과와 일맥상통한다.

그런데, 장기적으로 자비명상을 수련한 명상가들은 좌측 전전두피질의 활동이 우측에 비해 우세하게 나타나고(Davidson, 2002), 2개월 정도 명상을 수련한 일반인들에게도 나타났다(Davidson et al, 2003). 이는 명상이 내적주의 네트워크의 활성화를 통해 외적 대상이나 부적절한 정신 과정에 대한 주의와 관련된 네트워크 활동을 억제하는 동시에 정적 정서를 일으키는 좌측 전두엽의 활성화를 촉발한 것으로 설명할 수 있다(Lubia, 2009).

전전두피질과 변연계의 활성과 조화의 이상 등 전두엽과 변연계의 정보 교환 이상으로 우울 장애가 발생한다는 연구 결과(Anand et al, 2005; Brody et al, 2001)가 있다. 변연계의 편도체는 자극에 대한 정서적 및 신체적 반응을 조절하는 정거장과 같은 역할을 수행하는데(추정숙, 이승환, 정영조, 2008), 편도체에 이상이 생기면 인간의 목소리나 얼굴 표정에서 두려움과 분노의 감정을 구분하는 능력을 잃게 될 수 있다(Benjamin & Virginia, 2007). 이 외에도 시상하부-뇌하수체-부신HPA축 사이의 비정상적인 상호작용으로 인해 부신에서 코티즐의 분비를 증가시키고 해마를 손상시켜 우울 장애를 경험할 수 있다(Deuschle et al, 1997).

그러나, 마음챙김 수준이 높은 집단은 명상을 하는 동안에 전전두피질의 활동이 증가하는 반면에, 편도체의 활동이 감소하여 전전두피질과 편도체 활성화의 역상관이 마음챙김 수준이 낮은 집단에 비해 높게 나타났다(Creswell, Way, Eisenberger et al, 2007). 또한, 자비명상을 오래 수련한 사람들은 명상을 하는 동안에 전전두피질에서 변연계로 연결되는 신경계의 활동이 증가하였다(Lutz, brefczynski-Lewis, Johnstone et al, 2004). 이러한 결과는 명상을 통해 부적 정서 경험과 관련된 변연계의 활동에 대한 전전두피질의 조절력을 향상시킴으로써 정서조절의 효과가 있다는 것을 알 수 있다.

또한, Creswell 등(2007)은 마음챙김 정도가 높은 사람은 전전두엽이 더 활성화되고, 자신이 느끼는 감정에 이름을 붙일 때 편도체amygdala의 활동이 감소하는 경향이 있다고 보고하였다. 최근 연구에서도 이런 연구 결과를 확인시켜주고 있는데, 8주간 마음챙김명상을 하고 나면 편도체가 수축하는shrinking 현상이 발생하게 되며, 이는 편도체의 가소성 및 적응력과 관련이 있다고 한다. 동시에 객관적으로 관찰이 가능한 뇌 구조의 변화와 스트레스의 주관적 인식 사이에 비례하는 관계가 있으며, 명상 수련자들이 스트레스를 덜 받게 되면서 스트레스에 더 잘 대처하게 된다는 것이다. 이러한 연구 결과들은 명상을 통해 회복한 마음챙김 능력이 감정과 정서를 조절하는 신경 경로에 긍정적인 효과를 가져다준다는 것을 확인시켜준다.

뇌파진동 명상 수련자와 뇌파진동 명상 비수련자의 두뇌 구조적 차이를 분석한 결과, 측전전두엽, 내측전전두엽, 측두부 영역에서 더 두꺼운 피질두께가 나타났다(Kang et al, 2013). 이러한 피질들은 감정 조절과 관련된 영역으로서 뇌파진동 명상을 통해서 감정 조절의 효과가 있다는 것을 알 수 있다. 또한, Newberg와 Iversen(2003)는 명상 시에 일어나는 신경생리학적 패턴의 변화는 인지, 감각, 지각, 정서 변화의 중요한 지표와 관련된 피질 구조와 호르몬, 자율 반응, 뇌와 관련된 내분비 호르몬과 자율신경 활동의 영향으로 발생한다고 밝혔다.

이 외에도 자비명상을 실시하기 전에 고통받고 있는 사람의 동영상 시청 후, 부정적인 정서가 증가하였고, 전방 뇌섬엽과 전방대상피질의 활동이 증가하였지만, 자비명상을 실시한 후에는 긍정적 정서와 관련이 있다고 알려져 있는 복내측 전전두엽과 창백핵, 미상핵putaman, 복측피개 영역이 활성화되는 것으로 나타났다(Klimecki et al., 2012). 또한, 공감 훈련과 자비명상을 병행한 집단은 긍정적 정서와 관련이 있는 복내측 전전두엽과 복측 선조체의 활동이 증가하였고, 오히려 부정적 정서는 감소하였다(Klimecki et al., 2013). 이는 타인의 고통을 인식할 경우, 자비명상을 통해서 긍정적 정서는 유발시키고, 부정적 정서는 감소시킴으로써 이타적 행동을 유도할 수 있다는 것을 알 수 있다.

또한, 자비명상 전과 후에 고통 받는 사람들의 사진들을 보여 준 후, 자비명상을 실시한 집단은 배외측 전전두엽과 중격핵 사이의 연결이 증가함으로써 이타적 행동을 유발하는 것으로 나타났다(Weng et al., 2013). 이러한 결과는 1일 짧은 명상 수련을 실시한 후에도 긍정적 정서와 친사회적이고 이타적 행동이 증가한 결과와도 일치한다(Leiberg, Klimecki, Singer, 2011).

한편, 주의집중력을 담당하는 뇌의 중추는 전전두엽로 성격 형성이나 계획, 판단, 행동, 학습, 자기조절 등과 같은 인지 기능과도 밀접한 관련이 있다(Puves et al, 2008). 이러한 전전두엽은 아동기에서 청소년기까지 지속적으로 발달하기 때문에, 주의집중력을 향상시키는 데 많은 영향을 미친다는 것을 알 수 있다. 이와 더불어, 주의집중력은 노인에게도 매우 중요한데, 일반적으로 노화에 따라 뇌가 수축되기 때문에 인지 기능은 저하되는 현상이 발생한다. 이러한 노인들의 뇌 수축에 따른 인지 저하 현상을 명상을 통해 억제할 수 있다는 연구결과들도 발표되었다(Gard, Hölzel & Lazar, 2014; Luders, 2014). 또한, 명상은 주의집중 능력을 향상시키고 전전두엽의 회색질을 증가시키기 때문에(Lazar et al., 2005), 노인의 주의집중력 향상을 통해 전전두엽 활성화, 긍정적인 뇌 구조 변화, 노화에 따른 인지 기능 저하 및 뇌 수축으로 인한 치매 예방 효과를 기대할 수 있다.

2. 명상과 뇌파

뇌파는 뇌 활동의 지표 혹은 뇌 세포의 커뮤니케이션 상태를 나타낸다(박만상, 윤종수, 1999). 뇌파brain waves는 뇌에서 발생하는 0.1~80Hz에 걸친 넓은 저주파 영역을 포함한 작은 파동 현상으로 두피로부터 대뇌피질의 신경세포군에서 발생한 미세한 전기적 파동을 체외로 도출하고 이를 증폭해서 전위를 종축으로 하고 시간을 횡축으로 해서 기록한 것이다(김대식, 최창욱, 2001).

또한, 뇌파는 뇌 세포 간에 정보를 교환할 때 발생하는 전기적 신호로 뇌전도electro encephalogram: EEG라고도 하는데, 뇌의 활동 상태와 활성 상태를 보여주는 중요한 정보를 가지고 있으며, 의식 상태와 정신 활동에 따라 변하는 특정한 패턴이 있다. 뇌파에 의해 연구되어 온 자발뇌파는 일반적 생리현상에서 감각 등 뇌 활동으로 나타나며, 유발뇌파는 뇌 활동 상태를 알아보기 위해 인위적으로 뇌 활동을 유도하여 관찰할 수 있다.

일반적으로 뇌파는 주파수 대역에 따라 델타파(δ, 0.5~4Hz), 쎄타파(θ, 4~8Hz), 알파파(α, 8~13Hz), 베타파(β, 13~30Hz), 감마파(γ, 30Hz~50Hz)로 분류되며, 베타파를 SMR파(12~15Hz, 낮은 베타파), M－베타파(15~20Hz, 중간 베타파), H－베타파(20~30Hz, 높은 베타파)로 세분화하여 연구하였다. 또한 알파파를 기준으로 해서 8Hz 미만을 서파slow wave, 13Hz 이상을 속파fast wave라고 구분한다(윤종수, 1999). 인간의 뇌파는 신체적 또는 정신적 자극에 의해서 긴장도가 높아지면 β파 상태가 되고 이완이 되며 α파 출현이 많아지면서 얇은 수면 시와 숙면 시에는 θ파와 δ파가 출현하는 것으로 알려져 있다(김대식, 최창욱, 2001).

한편, 뇌파의 종류와 특성을 분류하면 <표1>과 같이 정리할 수 있다(김대식, 최창욱, 2001; 장현갑, 2013).

표1 • 뇌파의 종류와 특징

뇌파종류	파장대	의식상태	특징
델타(δ)파	0~Hz	깊은 수면 상태 뇌 이상 상태	숙면
세타(θ)파	4~8Hz	수면 상태	• 깊은 통찰력 경험 • 창의적 생각 • 문제해결력 • 명상 상태
알파(α)파	8~13Hz	이완 및 휴식 상태	느리고 규칙적인 리듬
SMR	13~15Hz	주의집중 상태	학습 준비
베타(β)파	15~30Hz	활동 상태	• 학습 상태 • 문제해결 과정 • 생각이나 걱정이 많은 경우
감마(γ)파	30~50Hz	긴장, 흥분 상태, 스트레스 상태	장기간 명상 수련자

그림2 • 뇌파의 종류 및 파형

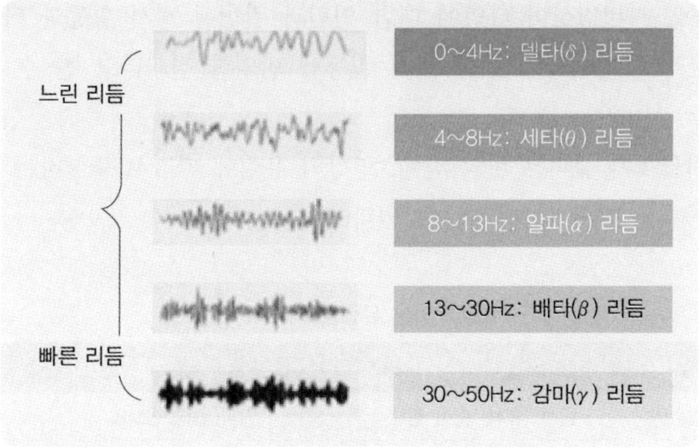

특히, 명상 수련은 마음 안정된 상태에서 나타나는 알파파와 각성과 수면의 경계 상태에서 나타나는 세타파를 증가시키는 것으로 나타났다(Chiesa et al, 2001). 이러한 알파파와 세타파의 증가는 내적 경험에 대한 주의집중을 유지하는 집중명상을 수행한 사람들에게 공통적으로 발견되는 현상이다(Chan & Polich, 2006).

한편, 명상을 하는 동안 좌측 전두엽 영역의 세타파 활성화는 통찰 경험과 창의적 사고와 관계가 있는데, 명상을 통해서 어떤 통찰이나 직관적 깨달음을 경험했다는 것을 시사한다(Benson & Proctor, 2004). 이렇게 명상하는 도중에 갑자기 통찰이 오는 브레이크 아웃break out 현상은 뇌에서 발생하는 일산화질소NO라는 기체성 화학물질의 발생과 밀접한 관련이 있다.

또한, 자비명상을 실시한 티베트 스님들의 두뇌를 분석한 결과, 자비명상을 실시하는 동안뿐만 아니라, 자비명상을 하지 않고 휴식 상태에서도 감마파가 많이 출현하였다(Lutz & Greischar et al, 2004). 원래 감마파는 집중명상을 할 때 나타나는 알파파나 세타파와 달리, 높은 수준의 인지 활동과 정서 처리를 반영하는 뇌파(Rennie et al, 2000)이기 때문에, 자비명상이 타인에 대한 연민과 관련된 정서 활동과 타인을 돕기 위한 방법을 모색한 인지 활동을 반영한 결과라고 볼 수 있다(김정호, 김완석, 2013).

지금까지 살펴본 바와 같이, 명상의 유형에 따라서 출현하는 뇌파의 종류도 다르게 나타날 수 있다(<표2> 참조).

표2 • 명상 유형별 뇌파의 종류

구분	특징	출현 뇌파
집중명상	안정, 휴식, 준비 상태	알파(α)파, SMR
통찰명상	창의성, 지혜, 문제해결력	세타(θ)파
자비명상	이타심, 공감, 고도 인지	감마(γ)파

Ⅲ. 명상 실습 준비

1. 명상 동기 부여 방법

명상을 지속적으로 실천하기는 쉽지 않다. 지속적인 명상 실천을 위해서는 무엇보다는 동기 부여가 중요하다. 이러한 동기 부여를 위한 방법은 다음과 같다(권수련, 2018; 장현갑, 2013).

첫째, 명상을 실천하기 위한 자기 나름의 이유나 목적을 가지고 구체적인 목표 목록을 작성하거나 명상을 통해 성취했을 때의 자신의 모습을 상상해 봄으로써 동기 부여가 될 수 있다.

둘째, 명상의 시작은 '자기 자신에 대한 탐구' 즉, '자아' 개념을 탐구하려는 열망이 있어야 한다. 즉, 명상을 효과적으로 잘하기 위해서는 나는 누구인가?. 나는 어디서 왔다가 어디로 가는가?, 나는 왜 사는가? 등과 같은 삶에 대한 근본적인 질문들에 대한 답을 얻고자 하는 열망이 있어야 한다.

셋째, 명상을 위한 나만의 의식ritual을 만들면 명상의 효과도 극대화되고 동기 부여가 될 수 있다. 예를 들면, 조용한 장소에서 방석을 깐 후, 촛불을 켜고 커튼을 내리고 자리에 앉은 후, 전깃불을 끄는 등 일련의 의식을 거친 후 명상에 들어가면 명상을 즐겁게 실시할 수 있다.

넷째, 명상을 처음 실시하는 사람이나 매우 외향적인 사람은 가만히 앉아서 하는 정좌명상을 하기가 쉽지 않기 때문에, 동적 명상active meditation으로 변형하여 실시할 필요가 있다.

다섯째, 명상을 잘 하기 위한 PDCAplan – do – check – action 성찰 일기를 쓰면 자신의 명상 생활 습관을 이해할 수 있고 동기 부여도 가능하다. 예를 들면, 1달간, 1주간, 1일 명상 계획을 수립하고 그에 따라 실천한 후, 점검 및 반성을 통해 자신의 생각과 느낌을 기록한 후, 다시 명상을 재실행하는 과정을 거침으로써 동기 부여가 될 수 있다.

여섯째, 명상을 효과적으로 잘 하기 위해서는 명상 멘트ment, 명상 유도문, 명상 음성 및 영상 파일 등 명상 보조 자료가 필요하다. 이러한 명상 보조 자료는 명상 순서 및 절차, 호흡 속도 등이 자세하게 안내되어 있기 때문에, 명상 초보자도 쉽게 명상을 따라할 수 있다.

일곱째, 명상을 혼자서 지속적으로 하기가 쉽지 않기 때문에, 명상을 좋아하면서 '나'와 함께 명상을 할 수 있는 마음이 맞는 동료, 명상 지도자 등 도반道伴과 함께 명상을 시작하는 것이 필요하다.

2. 명상 실습을 위한 마음 자세

명상의 효과를 극대화하기 위해서는 명상을 하기 위한 마음 자세가 매우 중요하다. 명상을 온전히 경험하고자 한다면 잠시 자신의 판단은 내려놓고 그저 현상을 있는 그대로 알아차림 하는 습관부터 가져야 한다. 명상 실습에 임하는 마음 자세를 살펴보면 다음과 같다(권수련, 2018; 김윤탁, 2018; 장현갑, 2013).

첫째, 명상을 통해 경험하는 모든 것은 전혀 버릴 것이 없고 그 자체로 온전한 가치를 가지기 때문에, 명상을 성취나 향상의 개념으로 볼 필요가 없다. 즉, 명상하려는 의도를 내려놓고 그저 있는 그대로 명상의 대상을 바라보고 알아차림 하다 보면 어느 순간에 현상에 대한 보편성을 꿰뚫는 지혜가 드러날 것이다.

둘째, 긴 시간 명상을 하지 않더라도 10분 정도의 짧은 명상으로도 명상의 효과가 나타날 수 있다는 신념을 가지고 자투리 시간이나 조용한 휴식 시간을 명상의 시간으로 활용하려는 마음가짐이 필요하다.

셋째, 명상을 통해서 너무 많은 변화를 기대하거나 단기간의 짧은 시간을 통한 명상의 효과를 기대해서는 안 된다. 즉, 매일 자신에게 주는 '선물'의 하나로서 명상의 인식을 바꾸려는 태도는 물론, 명상의 효과를 기다리면서 인내하는 마음가짐도 필요하다.

넷째, 바쁜 일상생활 속에서도 명상을 하지 못하는 핑계를 대기보다는 매일 규칙적으로 명상을 실천하려는 마음가짐을 가져야 한다. 이러한 규칙적인 명상을 통해서 바쁜 생활 속에서 지친 몸과 마음을 이완된 편안한 상태를 만들어 줄 수 있다.

다섯째, 명상은 나 자신과의 경쟁, 타인과의 경쟁하려는 마음으로는 명상의 효과를 거둘 수 없고 자꾸 경쟁심을 부추기면 오히려 몸과 마음이 긴장될 수 있다.

여섯째, 명상 초보자가 스트레스를 받은 상태에서 명상을 하게 되면 오히려 마음이 흔들려 안정을 취할 수 없기 때문에, 스트레스가 낮은 상태에서 명상을 시작하도록 추천해야 한다.

일곱째, 명상을 하기 전에 특정한 기대나 목표를 가지고 명상을 시작해서는 안 된다. 특정한 기대나 목표를 가지고 명상을 하면 마음의 방황이 심해지고 오히려 마음의 안정이 되지 못하는 등 역효과가 나타날 수 있기 때문에 주의할 필요가 있다.

여덟째, 오랜 기간 동안 명상을 실천한 전문가는 타인에 대한 비판을 삼가고 보다 수용적이고 관용적이며 겸손한 태도를 가져야 한다.

아홉째, 명상은 지금 이 순간을 충실히 알아차림 하고 살아가는 마음 훈련이기 때문에, 명상하는 과정에서 명상의 진행 단계를 분석적으로 바라보아서는 안 된다. 너무 지나치게 분석적으로 명상을 하게 되면 무언가를 생각하고 있다거나 의식의 초점을 놓치기 쉽기 때문에, 지금 내 마음속에 생각이 일어나고 있다는 것을 그냥 인정하고 이 생각들에 사로잡혀 가지 말고 저절로 사라지게 내버려 두어야 한다.

끝으로, 명상을 통해서만 현상의 본질을 꿰뚫는 지혜가 있는 깨달음을 얻는 것이 아니라는 것을 인식해야 한다. 즉, 앉아서 명상을 하지 않더라도 다른 방법으로도 현상의 본질을 꿰뚫는 지혜를 얻어서 깨달을 수 있다는 것을 명심해야 한다.

3. 명상 실습을 위한 몸 자세

명상의 효과를 극대화하기 위해서는 명상을 하기 위한 몸 자세가 매우 중요하다. 이러한 명상의 몸 자세는 크게 선 자세, 앉은 자세, 누운 자세 등 <표3>과 같이 구분할 수 있다(권수련, 2018).

특히, 좌선은 다시, 평좌, 결가부좌, 반가부좌, 의자에 앉은 자세 등으로 <표4>와 같이 구분할 수 있다. 구체적인 좌선의 유형은 [그림3]과 같다(권수련, 2018). 좌선을 할 때에는 지속적으로 앉아서 명상을 하기 때문에, 골반 변형이 오기 쉬우므로 주기적으로 다리 위치를 앞뒤나 위아래로 바꾸어 줄 필요가 있다. 또한, 좌선은 척추가 수

직인 상태가 가장 안정적이고 에너지 효율이 높기 때문에, 엉덩이 밑에 매트나 쿠션을 깔거나 무릎 밑에 매트를 깔아주면 척추 자세가 수직으로 유지할 수 있고 혈액순환 개선에도 효과적이다. 이 외에도 특정한 좌선을 고집하기 보다는 자신의 몸에 가장 적합한 자세 즉, 가장 편안하게 느껴지는 자세가 가장 좋은 자세가 될 수 있다.

표3 • 명상을 위한 몸 자세

구분	특징
선 자세	• 자세를 유지하기 어렵고 에너지 소모가 많음 • 근골격에 상당한 부담을 줄 수 있기 때문에, 알아차림과 집중에 방해가 될 수 있음 • 행선(行禪) 또는 경행(徑行): 걷기 명상
누운 자세	• 자세를 유지하기 쉽고 에너지 소모가 적음 • 쉽게 잠들거나 알아차림을 놓치기 쉬움 • 안락함 자체의 감각을 즐길 위험에 빠질 수 있음 • 와선(臥禪): 맨바닥이나 얇은 매트 활용 • 체력 소모가 적음 • 명상 초보자, 집중력 약한 사람, 몸이 경직된 사람, 환자 등 • 무릎을 세우고 무릎 사이에 주먹 하나가 들어갈 정도의 공간을 유지한 채 양손을 배에 얹어 무릎과 팔 모양 유지
앉은 자세	• 선 자세와 누운 자세의 단점 보완 • 너무 안락하지도 않고 너무 불편하지도 않은 적절한 자세 • 척추가 중립인 상태에서 머리가 몸통 중심에 놓여있는 상태 • 좌선(坐禪): 평좌, 결과부좌, 반가부좌, 의자에 앉은 자세 등

표4 • 좌선의 유형

구분	특징
평좌	• 양쪽 발등이 둘다 바닥에 닿게 앉는 자세 • 몸 안쪽 발뒤꿈치는 회음부 부위에 닿게 앉음 • 어느 발을 앞으로 할지는 자신의 취향대로 함
결가부좌	• 앉은 자세에서 한쪽 다리를 구부려 반대쪽 허벅지 깊숙이 올리고 반대쪽 다리를 그 위에 올려놓음 • 오른발은 왼쪽 허벅지 위에 올리고 왼발은 오른쪽 허벅지 위에 올리는 자세 • 몸은 마치 잘 맞은 퍼즐처럼 짜임새가 공고해지는 느낌이 들면서 몸과 마음이 편안해져 명상하기에 가장 좋은 자세 • 명상 전문가에게 효과적 • 붓다의 명상 자세: 여래좌, 불좌
반가부좌	• 앉은 자세에서 왼발 뒤꿈치를 회음부 부위로 가져다 놓고 오른발을 들어 왼쪽 허벅지 위에 올림 • 한쪽 발만 다른 쪽 허벅지 위에 올려놓는 자세 • 명상 초보자에게 효과적 • 골반 변형이 생기기 쉽고 눌린 다리가 저리기 쉬움
무릎 꿇고 앉는 자세	• 발목이나 무릎에 과도한 자극이 가해져 통증 및 긴장이 심할 수 있음 • 엉덩이 밑에 블록이나 쿠션을 깔고 앉음
의자에 앉은 자세	• 골반이 경직된 사람에게 효과적 • 등받이가 없는 의자에 앉거나 등받이에 등을 기대지 않음

4. 명상 실습 준비 사항

가. 명상 공간

명상을 수행하기에 가장 이상적인 환경은 명상만을 위한 특별한 공간이나 방을 마련하는 것이다. 이러한 공간은 눈을 뜨거나 빛이 밝으면 시각적 자극이 강해져서 의식이 외부 대상으로 향할 가능성이 매우 커지기 때문에, 약간 조도가 낮은 조명을 사용하는 것이 효과적이다(권수련, 2018).

특히, 명상 초보자는 편안하고 이완감을 불러낼 수 있는 조용한 장소를 선정하는 것이 가장 이상적이다. 예를 들면, 도서관, 차나 버스 등 실내에서 규칙적으로 명상을 할 수 있으면서도 방해를 받지 않는 조용한 장소를 정하면 된다(김윤탁, 2018). 이 외에도 공원 벤치, 숲속 나무 밑, 호숫가 둑 등 산책로 주변에 있는 조용한 장소에서도 명상을 하면 효과적이다(장현갑, 2013).

또한, 너무 춥거나 더우면 명상에 방해가 되기 때문에, 자신의 신체 상태에 적합한 온도를 선택하는 것이 효과적이다(권수련, 2018). 이와 더불어, 명상을 할 때에는 청바지, 쫄바지 등 몸에 꽉끼는 옷을 입기보다는 가능한 몸음 너무 압박하지 않는 헐렁한 옷을 입는 것이 좋다(장현갑, 2013).

이 외에도 각종 냄새 등 오감을 자극하는 요소들이 덜한 환경이나 장소를 선정하여 집중력이 부족한 사람이나 소리에 예민한 사람도 명상을 할 수 있는 조용한 환경을 선정하는 것이 좋다(권수련, 2018).

한편, 명상의 방해가 되는 공간을 최소화하기 위해서는 명상을 할 때, '핸드폰 전원을 끄세요', 'TV나 라디오 소리를 줄여주세요', '문을 닫아주세요' 등 '명상 중', '방해하지 마시오'와 같은 팻말을 방문 앞에 걸어 둘 필요가 있다(김윤탁, 2018).

나. 명상 시간

자신의 명상 시간을 하루 일과 시간 중에서 별도로 지정해 두고 고정적으로 실시해야만 명상을 하는 동안 주변인에게 방해를 받지 않을 수 있다(장현갑, 2013).

대체로 이른 새벽에 신체 에너지가 가장 충만하고 정신적으로 맑은 상태이기 때문에, 다른 식구가 아직 일어나지 않은 조용한 새벽 시간에 명상을 실시하면 가장 효과적이다(권수련, 2018). 만약 새벽 시간이 불가능하면 가족들이 모두 잠든 저녁 늦은 시간, 잠자리 들기 전 등 자신의 신체리듬을 고려해서 가장 편안한 시간에 명상을 할 수도 있다.

특히, 명상을 시작한지 12분 후에 체온, 호흡, 심장박동률, 혈압 등 생리적 지표가 이상적인 상태로 들어가기 때문에, 명상은 하루에 최소한 15분 이상 실시하는 것이 효과적이다(장현갑, 2013).

무엇보다도 자신이 명상을 통한 알아차림이나 집중이 잘 되었던 공간과 시간을 기억해 둘 필요가 있다. 다양한 시간대에 명상을 해본 후, 가장 편안한 시간대를 선택하고 조명, 온도, 냄새 등 공간의 분위기도 가장 편안함을 느끼는 조건으로 선택할 필요가 있다(권수련, 2018).

결론적으로 말하자면 특정한 장소에서 명상의 긍정적인 진동을 느낄 수 있기 때문에, 명상 초보자는 같은 장소와 같은 시간에서 규칙적이고 주기적으로 명상을 실시함으로써 깊은 명상을 할 수 있다(김윤탁, 2018).

5. 명상 기초 기능

가. 호흡

호흡을 통한 혈액과 산소의 공급 변화에 인간의 두뇌는 매우 민감하다. 즉, 인간의 뇌는 체중의 2%에 불과하지만 심장에서 분출되는 피의 15%를 소비하며, 인간이 호흡하는 산소의 20~25%를 사용하는 신체 부위라 할 수 있다.

특히, 호흡에 주의의 초점을 두고 하면 스트레스에 효과적으로

표5 • 호흡의 유형

가슴(흉식)호흡	복식(횡격막)호흡
• 늑간근(늑골) 수축흡 • 빠르고 얕은 호흡 • 가슴이 움직이고 어깨에 긴장을 줌 • 교감신경계를 자극 스트레스 반응 • 폐포 30% 활용 • 산소와 이산화탄소 간의 기체 교환 미흡 • 피로 유발	• 횡격막 수축 • 깊고 율동적, 규칙적인 호흡 • 가슴에 무리한 긴장 없음 • 부교감신경, 스트레스 해소 • 폐포 80% 활용 • 혈액순환이 원활하여 내장 마사지효과

대처할 수 있고 몸과 마음의 상태가 편안해 질 수 있기 때문에, 효과적인 명상을 하기 위해서는 호흡하는 방법을 배울 필요가 있다.

일반적으로 호흡은 가슴호흡과 복식호흡으로 <표5>와 같이 구분할 수 있다. 사자, 호랑이 등과 같은 맹수는 깊고 느린 복식호흡을 하지만, 맹수에 쫓기는 토끼, 사슴 등은 계속 불안하고 경계심이 높아 불규칙적이면서 얕고 빠른 가슴호흡을 한다.

그 중에서도 복식호흡은 숨을 들이쉬면 횡격막 근육은 수축하여 복부 쪽 아래 방향으로 내려가기 때문에, 폐 속으로 많은 산소가 들어오게 되지만, 숨을 내쉬면 횡격막 근육이 이완되어 폐쪽 위로 움직이기 때문에, 폐에 들어온 공기가 밖으로 배출된다([그림3] 참조). 좀 더 구체적으로 설명하면 첫 번째로 코로 숨을 최대한 들이마시고 배는 부풀려준다. 두 번째로 숨을 최대한 들이마셨다면 숨을 0.5초~1초 정도 숨을 참는다. 세 번째로 입이나 코로 내 몸에 있는 모든 숨을 최대한 길게 내뱉는다.

그림3 • 복식호흡 방법

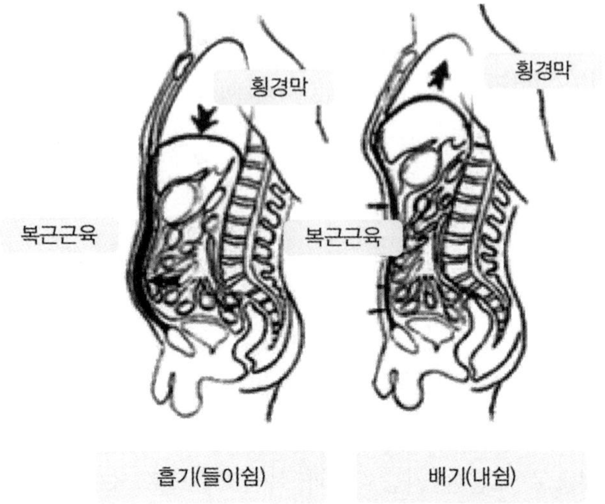

복식호흡을 하면 다음과 같은 장점이 있다. 첫째, 복식호흡을 하게되면 긴장을 이완시켜 스트레스로 인한 교감신경의 활동을 완화하여 부교감신경을 활성화시키기 때문에, 자율신경의 불균형을 막고 생채내의 각종 호르몬계를 조정하여 그 조화를 유지할 수 있다. 둘째, 복압의 차이는 내장을 자극해 마사지를 하기 때문에 내장 속에 있는 지방을 연소하기 쉬워질 수 있다. 이렇게 장의 연동운동이 좋아지면 소화액과 호르몬 분비를 원활하게 만들어서 소화와 배변 활동이 활발해진다. 셋째, 횡경막을 크게 부풀리는 과정에서 폐의 움직임도 커져서 산소와 이산화탄소의 교환이 평소보다 더 활발해진다. 숨을 깊이 쉬면 그만큼 산소공급이 잘 되기 때문에 뇌기능이 활발해진다. 넷째, 화가 나거나 긴장, 불안, 초조한 감정을 느낄 때는 호흡이 거칠어지기 때문에, 숨을 깊이 들이마셨다가 내쉬는 호흡에 집중하면 부드러운 호흡이 되면서 감정조절의 효과가 있다.

표6 • 호흡 패턴 확인 방법

호흡 패턴 자가 질문
• 들숨과 날숨의 균형이 이루어지고 있는가? • 들숨이 날숨보다 더 길거나 짧은가? • 들숨을 쉴 때 충분한 공기를 들이 마시는가? • 숨을 쉴 때 아랫배가 움직이는가? • 숨을 쉴 때 가슴이 움직이는가? • 숨을 쉴 때 아랫배와 가슴이 동시에 움직이는가?

한편, 자신의 호흡 패턴을 스스로 알아본다는 것은 스트레스에 의한 나쁜 영향을 알아차릴 수 있는 1차적 단계이기 때문에, 스트레스에 대한 자신의 신체, 감정, 정신적 반응 등 호흡 패턴을 <표6>과 같이 확인할 수 있다(장현갑, 2013).

호흡 패턴을 확인하게 되면 복식호흡은 다음과 같은 순서로 실제로 할 수 있다(장현갑, 2013). 먼저 편안한 자세로 앉아서 등을 기대고 앉은 채 호흡 패턴을 관찰한다. 둘째, 숨을 쉴 때마다 횡격막이 움직이기 때문에, 숨을 들이 마실 때 손이 위로 올라갈 것이고 숨이 내쉴 때는 손이 아래로 내려가는 것을 확인한다. 셋째, 호흡을 계속하면서 손이 위로 올라갔다가 아래로 내려가는 것에만 주의의 초점을 둔다. 넷째, 앉아서 하는 복식호흡을 5~10분 동안 연습한다. 다섯째, 가만히 누워서 가벼운 책 한 권을 아랫배 위에 올려놓고 천천히 깊이 들이마시고 내쉬는 호흡을 한다. 다섯째, 호흡과 함께 아랫배에 놓인 책이 위아래로 움직이는지 확인한다. 여섯째, 누워서 하는 복식호흡을 5~10분 동안 연습한다.

나. 이완

이완relaxation은 긴장 수준과 스트레스 수준을 낮추어 스트레스를 극복하는 방법이다. 이러한 이완 훈련의 목적은 스트레스에 의한 부정적인 신체 증상을 줄이거나 방지하고, 스트레스 상황에서 불안과 긴장 수준을 낮추는 것이다. 즉, 긴장을 느끼면 교감신경계가 활동하여 심장 박동이 빨라지고, 숨이 가빠지며, 혈압이 올라가는 반면에 긴장이 줄어들면 부교감신경계가 활동하여 호흡이 느려지고, 심장 박동이 느려지며, 혈압이 낮아진다. 이와 같이 부교감신경의 활동은 교감신경 활동에 의해 긴장된 활동을 안정 상태로 정상화시킬 수 있다([그림4] 참조).

그림4 • 자율신경계의 유형

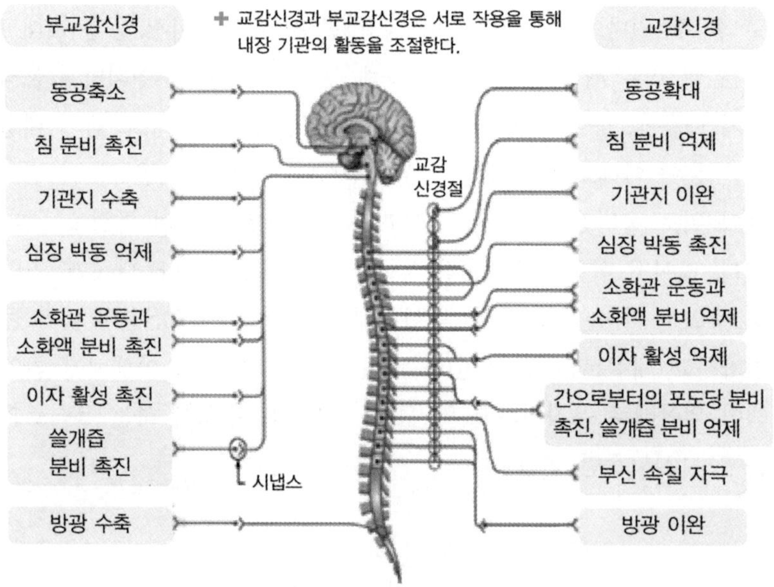

특히, 이완 기법에는 이완법, 요가, 목욕, 취미생활, 마사지, 자율훈련, 마음챙김명상, 호흡법, 심상법, 점진적 근육 이완법 등이 있다. 이완을 위해서는 어떤 방법이든 자신에게 가장 적절한 것을 선택하여 꾸준히 활용하는 것이 중요하다.

이완 방법 중에서 가장 효과적인 방법은 등을 대고 딱딱하거나 나무 침대, 바닥에 누워서 하는 자세가 가장 좋다(김윤탁, 2018). 첫째, 누운 자세에서 자리가 잡히면 깊은 심호흡을 몇 번 실시한다. 둘째, 깊게 호흡하며 발을 쭉 펴고 깊이 들이마시면서 다리를 힘을 주어 쭉 편다. 주먹, 어깨, 발가락 등 모든 근육을 수축시키면서 어떠한 반응이 일어나는지 느낀다. 넷째, 깊은 호흡과 스트레칭을 잠시 멈추고 자신의 감각을 상세히 추적해서 느낀다. 다섯째, 호흡과 스트레칭을 풀고 숨을 내쉬면서 쭉 편 다리의 모든 근육이 풀어지게 한다. 여섯째, 깊은 호흡과 근육 스트레칭 두가지를 양 팔과 양 다리에 하나씩 번갈아가면서 한다. 일곱째, 호흡과 스트레칭을 느린 동작으로 실시하면서 모든 근육이 선명하게 보인다는 상상을 한다. 여덟째, 자신의 감각을 관찰하고 무슨 일이 일어나는지 철저히 알아차릴 때까지 자세를 유지하고 그 후에 느린 동작을 놓아버린다. 이러한 이완의 시간은 15분~30분 정도가 가장 적당하다.

또한, 점진적 이완법progressive relaxation은 에드먼드 제이콥슨Edmund Jacobson이 개발해 발전시켰다. 처음에는 수술 전 환자들이 보이는 스트레스와 목과 등의 근육 긴장을 줄이기 위해 사용되다가 1950년대 조지프 울페Joseph Wolpe에 의해 간략한 형태의 점진적 이완법이 개발되었다(김정호, 김선주, 2002). 점진적 근육 이완법의 목적은 두 가지다. 첫째, 긴장감과 이완감을 구분할 수 있도록 하고, 어떤 근육이 긴장하는지를 알게 하는 것이다. 둘째, 모든 근육을 이완시키는 방법을 가르치는 것이다. 점진적이라는 말은 모든 중요한 근육을 한 번에 하

표7 • 점진적 이완법 순서 및 단계

구분	특징
준비 (1단계)	• 등이 편한 의자나 소파에 앉거나 침대나 바닥에 눕는다. • 온몸에 힘을 빼고 최대한 편안하게 한다. • 눈을 감는다. • 깊게 숨을 들이마시고 내뱉는 것을 3회 반복한다.
발과 종아리 (2단계)	• 발끝이 얼굴 쪽을 향하도록 당기고 몇 초간 유지했다가 원상태로 돌린다. • 발끝이 바닥을 향하도록 밀고 몇 초간 유지했다가 원상태로 돌린다.
척추 (3단계)	• 두 발을 모은 상태에서 다리를 쭉 펴고 다리와 무릎 아래가 바닥에 닿도록 아래로 밀어서 몇 초간 머문다. • 반대로 부드럽게 무릎을 들어올리고 다리를 원상태로 돌린다. • 배를 강하게 조여서 몇 초간 유지한 후 원상태로 돌린다. • 엉덩이와 항문을 꽉 오므린 후 몇 초간 유지한 후 원상태로 돌린다. • 양 팔꿈치를 반대편 손으로 잡고 팔을 머리 위로 들어올린다. • 머리를 뒤로 젖히면서 등을 둥글게 말아 들어올려 몇 초간 유지한 후 머리를 바로 하고 등을 펴고 팔을 배 위에 내려놓는다.
어깨 (4단계)	• 어깨를 귀에 닿게 한다는 느낌으로 들어올렸다가 천천히 원상태로 내린다. • 손바닥을 다리에 붙여 가능한 강하게 눌러 몇 초간 유지했다가 원상태로 돌린다.
손과 발 (5단계)	• 양주먹을 꽉 쥐고 몇 초간 유지했다가 원상태로 돌린다. • 양손을 꽉 쥔 채 팔꿈치를 구부려 어깨를 누르고 몇 초 유지했다가 원상태로 되돌린다.
머리와 목 (6단계)	• 어깨를 바닥에 붙이고 고개를 숙여 턱이 가슴에 닿도록 몇 초간 유지하고 머리를 원상태로 돌린다. • 어깨를 바닥에 댄 채 머리를 뒤로 젖혀서 정수리가 바닥에 닿도록 유지했다가 원상태로 돌린다. • 머리를 오른쪽으로 부드럽게 돌려서 오른뺨이 바닥에 닿도록 하고 반대로도 한다.
얼굴 (7단계)	• 얼굴 모양이 일그러지고 이맛살이 찌푸려질 정도로 강하게 찡그린 후 몇 초간 유지했다가 원상태로 돌린다. • 입과 눈을 가능한 크게 벌려 얼굴을 위아래로 늘려 편 후 몇 초간 유지했다가 원상태로 돌린다.

나씩 이완시켜 궁극적으로 모든 근육을 이완시킨다는 것을 의미한다(장현갑, 강성균, 2003).

특히, 점진적 이완은 모든 중요 근육을 이완시키기 위해 사용될 수도 있고, 몇몇 근육만을 이완시키기 위해 사용될 수도 있다. 가령 하루 몇 시간씩 컴퓨터 앞에 앉아 작업하는 사무원은 목이나 어깨가 뻐근해질 때 목과 어깨 근육을 푸는 이완을 할 수도 있다.

근육 이완은 조용하고 편안한 장소에 앉아 목이나 어깨의 근육과 같은 특정 신체 부위의 근육을 이완시키는 방법을 배우면 된다. 호흡 훈련을 함께 실시하면 이완 기간을 점점 더 연장시킬 수 있고 숨을 내쉼과 동시에 근육이 저절로 이완되도록 조건화함으로써 숨을 내쉬는 동시에 모든 근육의 긴장이 낮아지면서 완전한 이완 상태로 들어갈 수 있다. 구체적인 점진적 이완법의 순서와 단계는 <표7>과 같다.

자율 훈련법auto-genic training은 훈련자 자신이 자신에게 이완에 관한 언어적 지시를 주어 이완할 수 있도록 하는 방법으로서, 신체가 스스로 균형을 유지하려고 하는 생리적 현상인 항상성 기제homeostatic mechanism를 활성화시켜 준다(장현갑, 강성균, 2003). 독일의 심리치료학자 요하네스 슐츠Johannes Schultz와 그의 제자 루테Luthe에 의해 개발되었다. 자율 훈련을 실시하면 말초혈관의 혈행이 좋아지고 근육의 긴장이 줄어 신체가 편안해지고 마음이 진정되면서 이완된다. 명상이 마음을 편안하게 해서 신체에 이완 효과를 가져오는 방법이라면, 자율 훈련은 신체에서 출발해 몸과 마음을 이완시키는 방법이다. 구체적인 자율 훈련법의 절차는 [그림5]와 같다(김정호, 김선주, 2002).

이 외에도 심상 훈련image training은 따뜻한 햇볕이 내리쬐는 초원에 편안히 누워 있는 자신을 상상하는 것과 같은, 일종의 백일몽을 스스로 만들어가면서 이완을 시도하는 훈련이다. 이런 상상 속에서 부드러운 초원에 실제로 누워 느낄 수 있는 온갖 아늑한 이완감을 만끽할

그림5 • 자율 훈련법 절차

훈련 1 • 팔과 다리가 무거워지는 감각에 집중

훈련 2 • 팔과 다리가 따뜻해지고 무거워지는 감각에 집중

훈련 3 • 심장부분이 따뜻해지고 무거워지는 감각에 집중

훈련 4 • 호흡에 집중

훈련 5 • 복부가 따뜻해지는 감각에 집중

훈련 6 • 이마가 시원해지는 감각에 집중

수 있다. 심상 훈련을 실시하기에 앞서 3~5분간 이완법을 먼저 실시하고 이 기법으로 들어가는 것이 좋다. 이 훈련이 끝나면 천천히 호흡하면서 자신의 현실세계를 2~3분간 그린 후 깨어나게 한다(장현갑, 강성군, 2003).

Ⅳ. 명상의 유형

1. 명상의 분류 방법

명상은 수천 년 동안 다양한 형태로 발전해왔기에 구분하기가 쉽다. 일반적으로 크게, 집중명상concentration과 통찰명상mindfulness으로 나눌 수 있다. 불교에서는 이를 지법止法: Samatha과 관법觀法: Vipassana이라 한다.

집중명상은 특정한 대상이나 활동 또는 특정한 말이나 개념에 마음의 초점을 두는 명상을 말하는데 대표적으로 호흡명상, 걷기명상, 만트라명상, 화두명상, 오감명상, 절명상 등을 들 수 있다.

특히, 통찰명상은 비구조적 명상이라고 부르기도 하고, '현재 속에 살아가기'라고 비유하기도 하는데, 집중명상처럼 어떤 특정 대상에 의식을 집중하지 않고, 또 마음이 방황한다 하더라고 개의치 않고 오직 지금 이 순간 의식이 떠오르는 모든 경험을 있는 그대로 수용하기 때문이다. 마음챙김명상은 지금 떠오르는 느낌이나 생각을 인정하고 그대로 받아들이는 것을 말한다(Kabat-Zinn, Lipworth, Burncy & Sellers, 1986).

표8 • 명상의 분류

집중명상	통찰명상
지법(止法) 명상	관법(觀法) 명상
구조화된 명상	비구조화된 명상
삼매(순수한 집중을 통하여 마음이 고요해진 상태)	사띠(sati), 알아차림(자각), 마음챙김(mindfulness)
사마타명상(samatha)	위빠사나명상(vipassana)
내려 놓고 특정 대상에 집중하기	바라보기
Herbert Banson	Jon Kabat-Zinn, 틱낫한 스님

한편, 명상의 종류를 크게 분류하여 비교해 보면 <표8>과 같이 정리할 수 있다.

2. 요가명상

요가는 오랜 세월과 기간을 거치면서 마음 수양뿐만 아니라 운동과 호흡의 중요성을 인지하게 되면서 좀 더 넓은 의미로 발전하게 되었다. Yoga는 인도 고대어의 하나인 산스크리어트어 'Yuj(유즈)'의 어근으로 '말에 멍에를 씌우다'의 뜻이며(Gang et al, 2003) 인간의 몸과 마음을 비유한 것으로 수행으로 몸과 마음을 통제한다는 명상적 의미를 포함하고 있다(Lee, 2003).

또한, 요가는 인간의 몸, 마음, 영혼에 대해 통합적이고 전일적인 관점으로 보고 요가 수련자들은 인간이 신체와 행동, 호흡과 정서, 사고와 직관이 매우 밀접하게 상호작용하고 있다고 밝히고 있다(박미영, 2008).

특히, 요가의 심신 수련법에는 8단계가 있는데, 1단계는 야마yama로 수행자가 지켜야 할 보편적인 도덕적 계율이며, 2단계인 니야마niyama는 수행자가 지켜야 할 계율, 3단계인 아사나asana는 요가 자세 수련으로 육체의 균형 있는 조화를 말한다. 4단계인 프라야마pranayama는 호흡법으로 생명, 활기, 에너지의 조절과 통제를 의미하며, 5단계인 프라티하라는 감각의 절제, 6단계인 다라나dharana는 집중으로 마음을 억제하는 것을 배우는 단계이며, 7단계인 명상dhyana은 집중 시 흐름이 차단되지 않도록 유지되는 상태를 말하고 있다. 마지막 8단계는 사마디Samadhi로 초 의식 해탈의 상태를 말하다(Kim & Kim, 2006).

3. 불교명상

불교명상은 마음을 고요히 하고 세상을 바라보는 방식을 변화시키며 수행자의 개념이나 사고에 어떤 형태와 의미를 가져오는 수행 방법이며 초월을 통하여 심오한 마음의 평정 상태인 열반에 이르는 것을 목표로 삼는다(김혜옥, 2016).

특히, 붓다는 인간의 고통은 내면에 있고 그 원인은 바로 무지無知, 무명無明 때문이며, 이 무명을 제거한다면 인간이 괴로움에서 벗어날 수 있다는 것을 설명하고 모든 것이 연기緣起, pratīya – samutpāa한다는 이치를 알려 주었다. 그는 깨달은 진리를 세상에 알리며 중생을 구제하기 위하여 탐욕과 고행의 양극단에서 벗어나 중도를 취하길 권하면서 고집멸도苦集滅道의 사성제四聖諸를 설파하였다. 이 사성제란 인간의 삶은 괴로움이라는 것과 이 괴로움의 원인, 벗어나는 방법, 그리고 벗어난 상태를 의미한다. 그리고 고통을 벗어나려면 그 원인과 조건들을 파악하고 제거해야 한다는 것이다.

한편, 불교명상 수행법은 사마타samatha와 위빠사나Vipassanā의 두 가지로 나뉜다. 집중명상인 사마타는 어떤 대상에 의식을 집중하는 것을 강조하는데 반해, 통찰명상인 위빠사나는 지금 이 순간 당면한 것에 의식을 모아 일어나는 느낌이나 생각 등에 대하여 판단이나 해석을 하지 않고 지켜보는 것을 강조하고 있다(장현갑, 2000).

집중명상은 '아무것도 하지 않는' 수동적인 상태로부터 '완전한 몰입'의 상태까지이다. 집중명상 '사마타samatha, 止'는 빠알리어의 'sam(to be quiet, 고요해 지다)'에서 왔으며 그 의미는 'calm(고요, 평온), serenity(평온, 맑음), tranquility(고요, 평정)' 등이다. 고요한 마음 상태를 위해 수행자는 집중의 노력으로 얻은 상태에서 모든 해로운 것들이 '사라지고', '그친다'는 의미로 그것은 한자, '止'로 옮겨졌다. 집중명상은 정신집중력samatha; 止, samāhi; 定, 三昧의 개발과 마음을 한 곳에 모으는 cittekaggatā 心一境性 것으로, 집중samāhi을 통해 선정dhyāa, jhāa, ch'an, 禪, zen을 추구한다(이춘호, 2012).

또한, 위빠사나Vipassanā는 'vi'라는 접두어와 'passanā'의 합성어로, 여기에서 'vi'는 '분리하다', '쪼개다' 등을 의미하며, 'passanā'는 동사원형√paś에서 유래한 '보다passati'의 명사형으로 '봄', '관찰', '식별'을 의미한다. 따라서 'Vipassanā'의 온전한 의미는 '꿰뚫어 보는 것'이라고 할 것이다(임승택, 2004). 그리고 위빠사나 명상이 관찰하는 대상은 무상無常, 고苦, 무아無我이다.

위빠사나 명상의 핵심 요소인 사띠sati는 영어로는 주로 mindfulness로 번역, 사용되고 있다. 그 의미는 마음챙김, 마음지킴, 알아차림, 마음집중, 주시 등의 한국어로 다양하게 쓰이지만 심리학계에서는 마음챙김으로 자주 사용된다. 위빠사나 명상에서의 알아차림이란, 일어나는 현상에 주의를 기울여 거기 머물면서 그 상황과 현상의 일어남과 사라짐을 알아차리는 가운데 점차 마음이 고요한 사마타 상태에 이른다. 그리고 더 나아가 수행자는 지혜를 얻게 된다.

특히, 사마타는 하나의 대상에 집중하여 통일된 고도의 정신집중과 고요를 이루는 반면, 위빠사나는 '꿰뚫어 봄'을 뜻하는데 그것은 몸身, 감각受, 마음心, 법法을 관찰하여 본질을 통찰하는 지혜를 얻는 수행방법이다. 이 사마타와 위빠사나는 상호보완적이어서 고요와 선정禪定을 통해 현상에 대한 바른 통찰이 이루어지도록 한다. 즉, 불교

표9 • 지법명상과 관법명상의 비교

지법(止法)명상	관법(觀法)명상
다양한 자극들에 반응하는 마음을 고요하게 만들어 주는 집중명상	현상의 끊임없는 변화를 보는 통찰명상
마음고요명상	알아차림명상
마음이 한순간에 두 가지 이상을 인지하지 못하고 매순간 더 강한 대상에 전향하는 속성	특정 대상에 오래 머물 필요가 없고 어떤 대상이든지 차별 없이 일어나면, 일어나는 것을 알고 사라지면 사라지는 것을 아는 속성
감각적 욕망에 노출되는 정도와 빈도를 줄이는 명상	현상의 실상을 있는 그대로 보는 명상
머릿속이 텅 빈 상태 생각이나 잡념이 없는 상태	정신적인 괴로움 제거
불필요한 생각과 감정 최소화 에너지 소모 감소 마음의 작용 억제 근본적인 의식 정화는 아님	현상의 일어남과 사라짐이라는 보편성 인식
도로 위에 정지해 있는 자동차 한 대에 집중해서 변화가 없다는 가정하에 같은 이미지를 계속 집중	도로 위에 정지해 있는 자동차들을 보고 가능한 많은 차이를 구별하여 알아차림의 정밀도를 향상시키는 훈련 - 1단계: 차량 수 - 2단계: 차량수 + 차량 종류 - 3단계: 차량수 + 차량 종류 + 차량 색깔

명상은 크게 사마타(집중명상)과 위빠사나(통찰명상)로 이루어져 있으나 이 둘은 분리가 아니라 밀접한 연관 속에서 집중으로 고요해진 마음이 통찰에 이름을 말한다.

한편, 불교명상의 지법과 관법을 비교해 보면 <표9>와 같이 정리할 수 있다(권수련, 2018). 이러한 지법명상과 관법명상은 상호보완적이기 때문에, 마음이 고요하고 집중할수록 알아차림이 수월해지고 알아차림이 수월해질수록 마음은 더 고요해지고 집중할 수 있다.

4. 집중명상

변화하지 않는 단일한 대상 또는 반복적인 자극 대상에 주의를 집중하는 것이다. 주의를 집중할 때 연상하거나 분석하거나 판단하지 않아야 한다. 주의가 대상으로부터 벗어나면 "응, 그래"하고 자연스럽게 대상으로 다시 주의를 돌린다. 수동적인 자세에서 집중하는 게 중요하다. 집중명상은 감각에 집중하는 방법, 심상에 집중하는 방법, 행위에 집중하는 방법, 비논리적인 문제에 집중하는 방법 등 <표10>과 같이 구분할 수 있다(김정호, 1994).

특히, 집중한다고 해서 지나치게 분투적인 자세를 취하기보다는 오히려 매우 수동적인 자세에서 집중명상의 대상에만 집중하고 주의집중의 대상을 놓치지 않으려는 자세를 지속적으로 유지해야 한다(김정호, 김완석, 2013).

표10 • 집중명상의 유형

구분		특징
감각에 집중하는 방법	시각에 집중하는 방법	• 시각 대상을 정하고 주의집중해서 바라보는 방법 • 만다라(원, 원형 등 다양한 모양) • 꽃, 화병, 촛불 등
	청각에 집중하는 방법	• 청각 대상을 정하고 주의집중해서 듣는 방법 • 만트라(신의 이름, 관세음보살, 아베마리아 등) ※ 무의미하고 쉽게 반복되며 공명이 잘 되는 소리(옴, 훔, 람 옴 마니 밧메 훔 등) • 바람소리, 벌집 주변 벌들 소리 등
	체감각에 집중하는 방법	• 촉각, 압각, 진동 감각, 통각, 온도 감각, 사지 및 관절의 위치 감각, 근육의 길이와 뻗침의 감각 등 • 호흡에 집중하는 방법(코 주변, 배 움직임 등) ※ 수식관 • 심장박동에 마음을 집중하는 방법
심상에 집중하는 방법		• 마음속에서 스스로 만들어내는 심상에 집중 • 마음속으로 만다라나 만트라를 만들고 마음의 눈으로 보고 마음의 귀로 듣는 방법 • 시각 심상, 청각 심상, 체감각 심상 등
행위에 집중하는 방법		• 신체 움직임에 의해 집중 • 스스로 신체를 움직이는 과정과 그 움직임에 따른 신체적 감각에 주의를 집중 • 행위 과정+행위에 따른 신체 감각에 대한 집중 • 무드라 명상(손가락, 팔, 다리의 운동) • 이슬람교의 수피교파의 회전무(집단으로 원을 만들고 빙글빙글 도는 동작 반복) • 하타요가, 국선도, 기공 등
비논리적인 문제에 집중하는 방법		• 참선(화두선): 화두는 스승이 제자에게 부여하여 제자가 이 화두에 모든 마음을 집중 • 특정한 개념에 마음을 집중 • 삶의 근본 목적은 무엇인가?, 용서란?, 자비심이란? 등 ※ 화두(공안, 간화선, 임제선): 논리적으로 풀 수 없으며 또한 그래서도 안 되는 근원적인 문제 또는 물음

5. 통찰명상

통찰명상은 집중 대상을 고정하지 않고 매우 포괄적이어서 유형이 세분화되어 있지 않다. 통찰명상은 매 순간의 경험에 충실히 임하는 명상 방법으로서, 특정 자극에만 배타적으로 주의를 기울이는 집중명상과 달리, 외적이든 내적이든 모든 자극에 마음을 열고 그 경험을 순수하게 관찰 또는 의식한다. 즉, 통찰명상은 관찰에 비교, 분석, 판단, 추론 등이 개입하지 않은 순수한 바라봄을 강조한다. 따라서, 집중명상의 중요한 과정이 비교적 고정된 대상에 마음을 집중하는 반면에, 통찰명상은 마음에서 일어나고 사라지는 모든 변화를 놓치지 않고 그것에 집중하여 정확하게 알아차린다.

특히, 통찰명상 수행을 위해서는 시간이나 장소 등의 특정한 조건이 갖춰진 상황이 따로 필요한 것이 아니라 일상생활에서의 모든 상황에서 수행할 수 있는 특징을 가진다. 즉, 일상생활에서나 좌선을 통해서 통찰명상에서의 핵심적인 요소는 수행에 필요한 특정한 조건이 아니라 자신의 매순간의 경험을 있는 그대로 알아차리는 것이라 할 수 있다(이진희, 2001).

또한, 통찰명상 초기수행자나 좀 더 심도있는 수행을 하는 경우에는 호흡, 배의 움직임 등 하나의 특정대상을 알아차림의 주요대상으로 삼고, 편안히 앉은 자세에서 특정 대상의 감각을 있는 그대로 알아차리되, 특정대상 이외에 순간순간 가장 현저하게 떠오르는 감정, 사고, 신체 감각, 의도 등의 모든 자극대상을 알아차리는 방법으로 주로 수행된다.

따라서, 통찰명상은 마음 집중뿐만 아니라, 정확한 알아차림 또는 순수관찰을 포함하고 있기 때문에, 동적인 집중명상, 마음챙김mindfulness, 순수한 상위주의bare meta-attention로 정의할 수 있다(김정호, 1995; 김정호, 2011).

표11 • 집중명상과 통찰명상의 비교

집중명상	통찰명상
• 특정 대상에 주의를 집중 • 분석이나 판단을 하지 않는 배타적 주의 • 감각에 집중하는 방법 -시각: 만다라, 꽃, 촉, 붓 -청각: 만트라, 짧은 기도문 -체감각: 호흡, 호흡수를 세는 수식관 • 심상에 집중 • 행위에 집중 • 비논리적인 문제에 집중: 화두에 집중하는 참선	• 자기 마음에 떠오르는 것을 바라봄 • 매순간 변화하는 경험에 주의집중 • 모든 자극에 마음을 열고 순수하게 관찰 • 일상생활의 모든 상황에서 가능

한편, 집중명상과 통찰명상을 비교해 보면 집중명상은 비교적 고정된 대상에 마음을 집중시키는 과정인 반면에, 통찰명상은 마음에서 일어나고 사라지는 모든 변화를 놓치지 않고 집중함으로써 정확하게 알아차림 또는 관찰하는 과정이라 할 수 있다(김정호, 김완석, 2013).

지금까지 살펴본 집중명상과 통찰명상을 비교하면 <표11>과 같이 정리할 수 있다.

6. 마음챙김명상

마음챙김명상은 자신이 지금 여기서 마음에서 일어나는 현상에 또렷이 깨어있는 것을 말하는 것으로, 그러기 위해서는 마음에서 일어나는 현상에 정확하게 마음을 집중하고 있어야 하며, 그 현상을 정확하게 관찰하거나 알아차림을 할 수 있어야 한다(이승구, 2018).

또한, 마음챙김은 마음의 현상을 또렷이 관찰함을 의미하는데 마음의 현상에는 감각, 느낌, 정서, 사고, 의지 등 여러 가지 유형이 포함되며, 마음챙김에서의 관찰은 이러한 마음의 현상을 관찰할 때 비교, 평가, 분석, 추론을 하지 않는 순수한 바라봄을 의미한다. 마음챙김에서는 이러한 자신이 가지고 있는 사전지식, 욕구, 선입견 등을 통하지 않고 마음의 현상을 있는 그대로 경험한다(김정호, 1995).

특히, Kabat-Zinn(1990)은 마음챙김을 순간순간 '주위의 장'에서 일어나는 생각이나 감정 및 감각을 있는 그대로 인정하고 수용하면서 비사변적이고 비판단적이며, 현재 중심적으로 또렷하게 알아차리는 것이라고 정의하였다.

또한, 마음챙김명상은 주의집중의 대상이 비교적 한정되어 있는 집중명상과는 달리, 통찰명상의 한 종류로서, 지금 여기에서 의식에 떠오르는 다양한 사고나 감각들을 비판단적으로 정확히 관찰하는 것을 통해 자신과 세계에 대한 통찰을 얻는 것을 목적으로 하고 있다(김정호, 1995). 즉, 마음집중과 순수한 관찰을 통해서 비판단적으로 바라보게 되어 마음챙김을 하게 되면 명상 수행자는 마음에 떠오르는 생각이나 기분이 사실이 아니라 자신의 신념이나 판단 또는 집착에 의해 마음속에 반영된 일시적인 생각일 뿐임을 자연스럽게 깨닫게 되고 자신의 생각이나 욕구로 인해 유발된 부정적인 정서와 인지 도식을 깰 수 있게 된다(Kramer, 2001).

한편, 호흡 마음챙김명상은 마음챙김명상의 특수한 형태로 마음챙김의 대상을 호흡 감각에 고정시키고 하는 명상으로서, 생각과 욕구 없이 호흡에만 주의를 기울이는 것이 핵심이다(김정호, 2004).

또한, 호흡 마음챙김명상은 어떠한 자세에서도 할 수 있지만 앉은 자세로 많이 하기 때문에, 등을 적절히 펴고 어깨를 충분히 이완시키는 것은 몸과 마음을 안정시키는 데 도움이 된다. 호흡은 자연스럽게 하며, 인위적이나 의도적으로 호흡을 통제하지 않아도 호흡에 대한 마음챙김을 하다 보면 마음이 안정되고, 마음이 안정되면 호흡이 안

표12 • 정보처리 및 명상 유형에 따른 의식, 주의 변화

구분	정보처리에 동원되는 주의 유형		주의에 수반하는 의식 유형	
일반적 정보처리	일반적 주의 (바라보기)	욕구와 생각을 사용하는 주의	일반적 알아차림 (의식, 의식경험)	주의라는 정신적 행위에 수반하는 주관적 경험
상위정보처리 (메타인지)	상위주의 (메타주의, 상위 바라보기)	욕구와 생각을 사용하는 주의에 대한 주의	상위알아차림(메타알아차림, 상위의식, 상위의식경험)	상위주의에 수반하는 주관적 경험 (알아차림에 대한 알아차림)
(집중)명상	순수한 주의 (순수한 바라보기)	욕구와 생각을 사용하지 않는 주의	순수한 알아치림 (순수한 의식, 순수한 의식경험)	순수한 주의에 수반하는 주관적 경험
마음챙김 명상	순수한 상위주의 (순수한 메타주의, 순수한 상위바라보기)	욕구와 생각을 사용하지 않는 주의에 대한 순수한 주의	순수한 상위알아차림(순수한 메타알아차림, 순수한 상위의식, 순수한 자각)	순수한 상위주의에 수반하는 주관적 경험(순수한 알아차림에 대한 순수한 알아차림)

정될 수 있다는 점에서 호흡 마음챙김은 호흡 훈련이라기보다는 마음 훈련이라 할 수 있다(김정호, 2004).

지금까지 살펴본 것을 토대로 일반적인 정보처리, 상위 정보처리, 집중명상, 마음챙김명상에 따른 주의와 의식의 변화를 살펴보면 <표12>와 같이 정리할 수 있다(김정호, 2018).

7. 자애명상

자애명상loving-kindness meditation은 자신과 타인을 비롯한 모든 존재들이 행복하고 평온하기를 기원하는 자애의 마음을 계발하는 집중명상이다(Garland, Fredrickson, Kring, Johnson, Meyer, & Penn, 2010).

특히, 자애를 뜻하는 팔리어 메따metta는 자비, 선의, 동료애, 우호, 화합, 비공격적임, 비폭력 등 다양한 의미를 지닌 용어이다(Buddharakkhita, 1989). 메따의 어원적 의미는 땅을 촉촉하게 적셔주는 비처럼 조건 지워지지 않고 차별없는 사랑의 마음을 의미하는 '부드럽다'와 자기 자신과 생명 있는 모든 존재에게 갖는 진정한 우정의 마음을 의미하는 '친구'로 구분할 수 있다(Salzberg, 2005). 이런 의미를 종합해 볼 때 자애는 사랑과 우정이 넘치는 이타적 태도로 타인의 안녕과 행복을 추구하는 우정과 친절미와 인정이 있는 마음이라고 할 수 있다(Buddharakkhita, 1989).

따라서, 자애명상은 '동료나 친구에게 편안함과 도움을 주기를 바라는 마음', '동료나 친구가 고통과 괴로움에서 벗어나기를 바라는 마음'을 담은 명상이라 할 수 있다(Moon, 2012).

또한 자애명상은 우리 자신에게 자애를 향하는 것에서부터 시작하기 때문에, 다른 사람에게 진정한 사랑을 베풀 수 있게 하는 초석이 된다. 즉, 진정으로 자신을 사랑할 때 우리는 다른 사람을 돌볼 수 있으며 우리 자신을 풍요롭게 하고 삶을 윤택하게 할 수 있다. 진정으로 내적인 삶을 영위하면 우리는 자신과 친밀해지고, 다른 사람들과도 친밀해진다. 자신의 내적 세계를 통찰할 때 우리는 주변의 모든 것과 이어지고, 살아있는 모든 존재가 하나라는 사실을 아주 분명하게 볼 수 있다. 모든 존재가 행복을 원한다는 강한 바람은 우리를 하나가 되게 한다.

한편, 몸과 마음에서 나타나는 현재 경험을 대상으로 현존here and now에 대한 주의attention 및 알아차림awareness의 증가로 인지적 측면의 변화에 초점을 두는 마음챙김명상과는 달리, 자애명상은 자신과 타인에 대해 따뜻하고 친절한 태도, 고통에 대한 연민의 마음, 기쁨과 평온의 긍정적 정서를 배양하는 훈련으로 정서적 측면에 더욱 초점을 둔 명상이라 할 수 있다(Park, Seoung, & Mi, 2016). 또한 자애명상은 주로 심상화imagination를 통해 자신과 타인 및 모든 존재들의 이미지를 떠올리며 대상에 대해 사랑과 친절함을 보내는 명상으로 사회적 관계의 변화에도 초점을 둔다(Gim et al., 2014).

8. 자비명상

자비명상은 집중명상의 한 유형으로 간주하며, 연민, 기쁨, 평정심, 타인과의 연결감을 지향하는 명상이자, 티벳 불교에서는 연민과 자비를 향한 명상 수련으로 높이 발달시켜왔다(Lama, Goleman, 2003). 자비는 Pali어로 metta－Karuna로 알려져 있는데, 이는 자애를 뜻하는 metta와 연민을 뜻하는 Karuna를 합친 용어이다(Kristeller & Johnson, 2005). 이는 자신에 대한 수용과 만족감과 관련한 불교 개념이며, 타인에 대한 사랑과 수용을 이끌어낸다(Chodron, 2011). 전통적으로 이 수련은 나 자신에게 자비심을 갖는 것을 시작으로, 점차 타인으로 확장하는데, 사랑하는 사람, 중립적인 사람, 어려운 사람, 모든 생명체, 궁극적으로 온 우주로 향한다(Salzberg, 2005).

특히, 자비명상은 심상화를 중요한 방법으로 활용하는데, 주로 다른 사람이나 생물체의 심상을 의도적으로 떠올리고 그 대상에 대해 사랑과 친절함의 태도로 안녕과 행복을 기원하는 수련이다(김완석, 신강현, 김경일, 2014).

또한, 자비명상은 전통적으로 네 가지의 문구를 사용한다. '내가/그 사람이 안전하기를', '내가/그 사람이 행복하기를', '내가/그 사람이 건강하기를', '내가/그 사람이 평화롭기를' 이러한 문구를 반복하면서 그들의 마음속에 온화함과 사랑의 감정이 생겨난다(Shapiro &

Carlson, 2009). 단지 이미지 또는 문구를 기계적으로 반복하는 것이 아니라, 한 사람이 다른 누군가에게 자비심을 보내는 과정 안에서 나타나는 감정을 살펴보고, 그러한 감정 자체뿐만 아니라 그 감정들과 그 사람과의 관계 본질 안에서 통찰이 이루어질 수 있다(Hofmann, Grossman, & Hinton, 2011).

자비명상은 자신 또는 특정한 인물, 모든 사람(존재)들을 대상으로 그 사람들의 이미지를 떠올린 후에, '내 자신(또는 그 사람, 모든 사람)이 행복하고 평화롭기를', '내 자신(또는 그 사람, 모든 사람)이 고통에서 벗어나기를'과 같은 문구를 마음속으로 암송하게 된다. 인물을 떠올리는 순서는 내 자신부터 시작해서 고마운 사람, 친구, 가족, 지인 등의 좋아하는 사람, 중립적인 사람, 싫어하는 사람, 모든 사람(존재)들로 확장시켜 나가는 방법이 있으며, 대부분의 상좌부 불교 전통에서는 이 순서를 따르고 있다. 반면, 티베트 불교에서는 싫어하는 사람이나 중립적인 사람을 대상으로 시작하는 방법이 보편적이다(김완석, 박도현, 신강현, 2015).

제/2/부

뇌과학 생활명상 실천법

호흡명상은 호흡에 의식을 기울이는 명상이다. 쉽게 말하자면, 호흡에 주의를 기울여 마음을 집중하는 명상이라 할 수 있다. 즉, 코로 들이쉬는 들숨(호)과 입으로 내쉬는 날숨(흡)에 주의를 의식하면 뇌의 생각작용이 이완되어 마음이 안정되고 자신의 현재 상태를 바라볼 수 있게 된다.

Ⅰ. 호흡명상

1. 호흡명상의 개념 및 특징

◆ 개념

호흡명상은 호흡에 의식을 기울이는 명상이다. 쉽게 말하자면, 호흡에 주의를 기울여 마음을 집중하는 명상이라 할 수 있다. 즉, 코로 들이쉬는 들숨(호)과 입으로 내쉬는 날숨(흡)에 주의를 의식하면 뇌의 생각작용이 이완되어 마음이 안정되고 자신의 현재 상태를 바라볼 수 있게 된다.

특히, 평상시 외부의식에 집중되어 있는 상태를 자신의 내면(마음)으로 집중할 수 있도록 하는 명상 중에 기본으로 삼는다. 몸이 이완되고 마음이 편안해질수록 깊어지고 길어진다. 호흡을 바라보고 느끼고 알아차릴 때 몸과 마음의 변화가 일어난다.

◆ 특징

① 호흡명상을 하면서 자신이 호흡을 하고 있다는 것을 알아차리는 것이 매우 중요하다.
② 호흡명상을 통해 의식이 외부에서 내부로 향하기 때문에, 마음의 산란함을 다스리는 데 유용하다.
③ 호흡명상은 집중명상과 통찰명상을 하기 위한 준비 단계로 활용할 수 있다.
④ 호흡명상을 통해 자신의 몸에 주의집중하는 훈련과 몸의 감각을 깨우는 훈련을 할 수 있다.

2. 호흡명상의 방법

호흡명상을 실시하기 위해서는 먼저 호흡하는 방법을 배워야 한다. 호흡은 들숨, 날숨, 들숨과 날숨 사이의 멈춤 등 세 부분으로 구분되고, 이 세부분을 알아차리고 무엇이 일어나는지 살펴볼 수 있다. 다음은 호흡하는 방법에 대한 설명이다. 호흡하는 방법에는 여러 가지가 있다. 자신에게 맞는 방법을 선택하고 훈련한다.

① 자연스럽게 코로 숨을 천천히 들이쉬고 입을 살짝 벌려서 천천히 내쉰다.
② 숨을 코로 길게 들이쉬고 잠깐 멈추고 입으로 길게 내쉰다.
③ 숨을 코로 길게 들이쉬고 잠깐 멈추고 입으로 3번에 나누어 내쉰다(내 쉬는 게 익숙해지면 5번으로 나누어 내쉰다).
④ 숨을 코로 짧게 3번에 나누어 들이쉬고 잠깐 멈추고 입으로 길게 내쉰다.

⑤ 코로 숨을 4초 동안 들이쉬고 7초 동안 멈추고 8초 동안 내쉰다.
⑥ 숨을 가슴으로 들이쉬고 입으로 길게 내쉰다.
⑦ 배에 손을 올리고 손의 움직임을 느끼면서 배가 불룩하게 들이쉬고 잠깐 멈추고 배가 들어가게 길게 내쉰다(훈련이 되면 손을 배에 올리지 않아도 느낄 수 있다).
⑧ 호흡이 자연스럽게 들이쉬고 내쉴 수 있도록 천천히 훈련한다.

3. 호흡명상의 유형

◆ 이완호흡명상

이완호흡은 몸의 긴장을 알아차려 호흡을 통해 몸의 긴장을 내려놓을 수 있다. 자신의 호흡 상태를 알아차리고 불안하고 초조한 상태의 거칠어진 호흡을 코로 들이쉬고 입으로 내쉬는 동작을 1분정도만 해도 현재의 상태를 바꿀 수 있게 된다.

호흡을 바라보라, 호흡을 조절하거나 더 깊게 숨 쉬려 하지 말고 단지 코로 들이쉬고 입으로 내쉬는 것에만 주의집중하면서 몸의 힘을 뺀다는 것을 느끼고 알아차림 한다.

◆ 가슴호흡명상

가슴호흡은 스트레스를 많이 받을 때 가슴이 막히고 답답해서 호흡이 되지 않을 때 사용하는 호흡이다. 이는 심장에서 나오는 뜨거운 열이 가슴중앙의 '인맥'이라는 혈자리를 통해 배로 내려가야 하는데 가슴이 막혀 머리로 열이 역행하기 때문에, 머리는 뜨겁고 배는 차가운 상태가 된다. 이러한 결과로 인해 스트레스를 받고 가슴호흡이 잘 안 되어 감정조절이 잘 안되는 경우가 많다. 이때에는 가슴을 손바닥으로 두드리면서 아~ 소리를 내면 심장의 열이 밖으로 빠져나가는 효과가 있어 가슴호흡이 편안해진다.

특히, 호흡이 자연스럽게 배로 내려갈 수 있도록 천천히 훈련하는 것이 중요하다. 가슴으로 숨을 들이쉬고 입으로 내쉬고 하는 훈련을 통해 자신의 몸에 주의를 집중하여 현재 상태를 알아차림 할 수 있도록 하는 것이다.

◆ **단전호흡명상**

단전호흡은 의식을 배에 주의집중하면서 숨을 들이쉴 때 배가 나오고 내쉴 때 배가 들어가는 호흡이다. 손을 포개어 단전(배꼽아래 3센티미터 정도 되는 부위에서 몸 안쪽으로 3센티미터 되는 곳)에 살며시 올려놓고 몸의 힘을 뺀다는 생각으로 배를 움직이면서 자연스럽게 내쉬는 호흡 중심으로 배를 움직이면서 몸의 힘이 들어가는 부위가 없도록 몸을 바라보면서 호흡을 한다.

또한, 몸의 힘도 빼고 마음으로 잡고 있는 힘도 내려놓는다. 단전호흡은 숨결을 곱게 하는 것이고 말과 행동, 마음을 곱게 다스릴 수 있는 상태를 만들어 자신을 조절할 수 있게 한다.

4. 호흡명상의 단계

◆ **준비명상**

① 다리를 가부좌로 앉고 허리를 곱게 펴고 앉는다.
② 어깨를 앞뒤로 가볍게 돌려준다.
③ 손바닥을 위로하고 양쪽 무릎 위에 살며시 올려놓고 코로 숨을 들이쉬고 입으로 후~하고 내쉰다.

◆ 본명상

① 숨을 들이쉬고 내쉬는 호흡에 주의집중하면서 코로 들이쉬고 입으로 내쉰다. (1분)
② 코로 숨을 들이쉬고 잠깐 멈추고 입으로 내쉬는 것을 3번에 나누어 내쉰다. (1분)
③ 4초 동안 숨을 들이쉬고 7초 동안 멈추고 8초 동안 내쉰다. (1분)
④ 호흡을 자연스럽게 하면서 자신의 몸의 상태, 마음의 느낌에 주의를 기울이고 관찰한다.
⑤ 내쉬는 호흡을 통해 내 몸에 있는 안 좋은 기억들, 나쁜 감정들, 탁한 에너지들이 빠져나가 몸이 맑아진다고 상상한다.

◆ 마무리명상

① 숨을 천천히 들이쉬고 입으로 후~하고 내쉰다. (3번)
② 손을 뜨겁게 비벼서 얼굴과 가슴을 쓸어준다.
③ 하고 난 후 기분이 어떤지 표현한다.

5. 호흡명상의 효과 및 주의사항

◆ 효과

① 호흡명상을 통해 자신의 몸을 이완할 수 있다.
② 자신의 감정을 조절할 수 있다(긴장, 불안, 흥분, 화남).
③ 자신과 대화할 수 있는 상태를 만든다.
④ 외부의식에 집중된 상태를 내부의식으로 주의집중하여 자신의 몸과 마음을 바라볼 수 있게 한다.

⑤ 호흡은 가치로부터 중립적이기에, 호흡에 집중하면 마음이 고요해지고 편안해진다.

◆ 주의사항

① 호흡은 자신의 몸 상태에 맞게 활용한다.
② 무리한 호흡은 호흡명상에 대한 거부감을 불러올 수 있다.
③ 호흡명상을 하면서 대상에 대해 좋아하고 싫어하는 마음 없이 알아차려야 한다.
④ 호흡명상을 하기 전에 모든 것을 내려놓고 현재의 숨만 알아차린다.

6. 호흡명상의 실전 연습

◆ 실전 연습

① 허리를 곱게 펴고 어깨를 들썩들썩해서 긴장된 몸을 풀어주고 손바닥을 위로하고 양쪽 무릎 위에 살짝 올려놓는다(턱은 가슴쪽으로 살짝 잡아당겨 준다).
② 눈을 살짝 감고 이제부터 코로 숨을 천천히 들이쉬고 입으로 후~하고 내쉰다. 코로 숨을 들이쉬고 입으로 후~하고 내쉰다. 들이쉬는 숨에 의식을 집중하면서 숨이 어떻게 들어오는지 느껴본다.
③ "시원한 공기가 숨을 통해 내 몸으로 들어오고 있습니다"라고 말한다.
④ "내 몸의 어느 곳까지 숨이 들어오는지 집중합니다"라고 말한다.
⑤ 이제는 내쉬는 호흡에 집중한다.
⑥ 짧게 들이쉬고 길게 내쉰다. "숨을 내쉴 때 내 몸의 뜨거운 열이

밖으로 빠져나갑니다. 아주 길게 끝까지 내쉽니다"라고 말한다.

⑦ "코로 들어온 시원한 공기가 내 몸을 시원하게 해줍니다. 내쉬는 호흡을 통해 내 몸이 가벼워집니다"라고 말한다.

⑧ 숨을 들이쉬고 후~하고 내쉰다.

⑨ 다시 한번 숨을 들이쉬고 후~하고 내쉰다.

◈ 호흡명상 메타인지 질문

- 내쉬는 호흡을 하면서 무엇을 느끼셨나요?
- 들이쉬는 호흡을 하면서 무엇을 느끼셨나요?
- 호흡을 하면서 내 몸의 상태는 어떠했나요?
- 호흡명상을 하고 난 후 변화된 점은 무엇인가요?

느낀 점

___

___

___

변화된 점

___

___

___

◈ 호흡명상 힐링 문장

1. 호흡에 집중하면 마음이 편안해지고 가벼워집니다.
2. 마음을 비워야 새로운 것을 채울 수 있습니다.
3. 새로운 것을 채우면 행복해집니다.

◆ 호흡명상 응용 심화

① 바른 자세를 취한 다음에는 호흡을 세면서 하는 명상(수식관: 數息觀)을 시작한다.

② 호흡을 내쉴 때 '하나'를 생각하고 호흡을 들이쉴 때 '하나'를 생각한다.

③ 숨을 쉴 때마다 '하나, 둘, 셋' 세기를 빠뜨리지 않고 계속한다. 전념해서 세기에 집중함으로써 우리 마음이 흐트러지지 않게 된다.

④ 수를 셀 때 너무 큰 숫자까지 세면 혼란스러워질 뿐 아니라 잡념이 생길 수 있으므로 열을 넘겨 세지 않는다.

Ⅱ.
집중명상

1. 집중명상의 개념 및 특징

◆ 개념

집중명상은 하나의 대상에 의식을 집중하는 명상이다. 쉽게 말하자면, '순간순간 대상에 주의를 기울여 마음을 집중하는 것'. 이것을 명상이라 할 수 있다. 즉, 몸과 마음과 뇌가 통합되어 끝까지 하는 것이다.

특히, 평상시 많은 생각으로 복잡해져 자신이 원하는 것에 집중할 수 없는 현대인들에게 집중명상을 통해 생각을 멈추고 정서가 안정되어 자신이 원하는 대상에 주의집중할 수 있는 상태를 만들어 집중력을 향상시킬 수 있다.

◆ 특징

① 순간순간 자신에게 주의를 기울여 자신의 상태를 알 수 있다.
② 집중명상을 통해 생각이 멈춰지고 마음이 평온해질 수 있다.

③ 집중명상은 신체, 정서, 인지의 뇌의 수직 통합 상태를 만들 수 있다.

④ 집중명상 훈련을 통해 집중력을 향상시키고 집중 상태를 유지할 수 있는 지속력을 높일 수 있다.

⑤ 집중명상을 통해 자신이 원하는 것을 선택하는 마음의 힘을 기를 수 있다.

⑥ 집중명상 훈련을 통해 눈에 보이지 않는 에너지(기)를 느낄 수 있다.

⑦ 집중명상은 자기조절력을 향상시켜 실행능력을 높일 수 있다.

2. 집중명상의 방법

집중명상을 실시하기 위해서는 먼저 집중하는 방법을 배워야 한다. 집중은 몸과 마음이 이완되고 생각작용이 일어나지 않는 상태에서 대상에 주의를 기울이는 것이다. 원하는 대상에 주의를 기울이려면 먼저 몸의 감각이 깨어나야 한다. 몸 감각을 깨우기 위해선 신체활동 즉, 뇌체조나 놀이, 호흡 등을 통해서 몸의 감각이 깨어날 수 있다. 집중 상태를 유도하기 위해서는 먼저 신체를 활용하여 뇌파를 알파파 상태로 변화시켜 몸과 마음이 이완될 수 있도록 한다.

① 손가락 끝을 활용하여 20초 동안 손가락 박수 몇 개를 할 수 있는지 숫자를 세어본다.

② 발끝 부딪치기를 하면서 숫자세기에 집중하면서 한다.

③ 아랫배에 집중하고 장운동을 하는 동안 숫자세기를 한다.

④ 신체활동 후 편안히 앉아서 눈을 감고 마음속으로 자신의 몸에 집중하며 머리에서부터 발끝까지 내려오면서 천천히 바라본다.

⑤ 양손을 가슴 위로 올리고 양손을 마주보게 한 상태에서 손끝이 닿지 않게 천천히 벌렸다 오므렸다를 반복하면서 손안에 느껴지는 에너지의 느낌에 집중한다.

⑥ 자석을 가로로 양손에 쥐고 서로 달라붙지 않게 간격을 유지하면서 돌린다. 눈을 감고 자석과 자석사이의 존재하는 에너지장의 느낌에 집중한다.

3. 집중명상의 유형

◆ 이완명상

이완명상은 신체 활동을 통해 굳어진 몸의 근육이 이완되고 뇌파가 알파파로 바뀌어 정서가 안정된 상태를 만드는 바디스캔Body-Scan 명상이다. 즉, 이완명상은 생각이 그쳐진 상태에서의 명료한 의식 상태로서, 자신의 몸에 집중하여 현재 상태를 느낄 수 있는 명상 방법이다.

특히, 편안하게 앉은 자세에서 허리를 세우고 손은 무릎 위에 살며시 올려놓고 몸의 힘을 뺀 상태에서 호흡하고 천천히 마음속으로 내 몸의 각 부위에 집중한다.

먼저 "'머리-이마-눈썹-코끝-입술-얼굴'이 환하게 웃는다. '목-양쪽 어깨-팔꿈치-손목-손끝-손끝으로 내 몸의 뭉쳐있던 탁한 에너지들이 빠져나간다"고 상상한다. 다음으로 "'가슴-배꼽 밑의 아랫배-허벅지-무릎-발목-발끝'으로 내 몸의 뭉쳐있던 탁한 에너지들이 빠져나간다"고 상상한다. 내 몸이 시원하고 가벼워짐을 느껴본다. 이렇듯, 자신의 몸의 각 부위에 집중함으로서 몸과 마음을 이완시켜 편안하고 안정된 상태를 유지할 수 있다.

◆ 에너지집중명상

에너지집중명상은 몸의 에너지를 느끼는 감각을 터득함으로써 지금 여기에 집중하는 명상 방법이다. 즉, 자신의 몸 안에 흐르는 에너지를 느끼는 과정에서 생각과 감정이 그쳐지고 명상이 이루어지면서 외부로 향해있는 의식작용을 내면으로 바꿔주는 것으로 자기를 조절하는 능력을 키워 정서적인 안정과 집중력을 향상시키는 명상 방법이다.

또한, 자신의 에너지를 느끼는 과정에서 에너지의 변화가 일어나고 새로운 창조가 일어난다. 손안의 뭉클한 느낌, 따뜻한 느낌, 찌릿찌릿한 느낌, 본드가 달라붙는 느낌, 사람마다 느낌은 다르지만 손안의 무언가 느껴졌다는 건 생각이 그쳐진 상태로 자신의 손에 집중되고 뇌가 활성화된, 명상 상태가 이루어진 것이다.

◆ 만다라명상

만다라mandala는 "마술적인 원"을 의미하는 산스크리트어로, 기본적으로 '원'을 의미한다. 만다라는 동양에서 네모 안에 원이 그려져 있는 하나의 중심점을 가진 도형으로 형상화된 도상화이다.

만다라명상에서 만다라mandala는 '만다manda의 의미가 중심 또는 본질을 나타내며, 라la는 소유내지 성취를 의미'한다. 즉, 만다라는 마음의 중심과 본질을 얻는 것, 본질을 원만히 하는 것이라는 뜻이 있다. 만다라의 원圓의 형상 및 도상에 나타난 색과 형태는 명상을 돕는 중요한 역할을 할뿐만 아니라, 상처와 병의 치유를 돕는다.

특히, 만다라명상은 만다라를 그리거나, 그리고 난 후 만다라의 상징성에 마음을 모아서 자기 내면에 집중하여 명상에 잠기는 명상 방법이다. 이러한 만다라명상을 하는 과정에서 나오는 느낌은 억압된 감정을 풀어주면서 생각의 경직성과 한계를 극복하는 열쇠가 될 수 있다. 또한, 원의 상징성은 인간의 다양한 감정, 정서적 변화, 무의식적 부분 등을 통합해 가는 과정을 표현하기에 적합한 상징적 도형으로 이해의 기준을 확장할 수 있다.

따라서, 만다라명상은 마음에 순간적으로 집중하여, 떠오르는 심상이나 이미지를 원상 안에 표현하는 명상 방법이기 때문에, 다른 명상보다는 좀 더 쉽고 눈에 보이는 현실적인 형태로 시각화함으로써 객관화할 수 있고, 정신의 혼란스러움을 통합하여 심신 치유 및 정화에 효과적이다.

◆ 만트라명상

만트라mantra의 만mam은 산스크리스트어로 '생각하다'라는 의미이고, 트라tra는 '현상계의 속박으로부터 보호하고 구원하다'라는 의미를 가진다. 따라서, 만트라는 '해방하고 보호하는 생각'으로서, 영적 파동을 끌어당기는 자석 또는 그것을 집중시키는 렌즈와 같은 역할을 한다.

특히, 만트라는 진언眞言과 동의어로서, 힌두교와 불교에서 신비하고 영적인 능력을 가진다고 생각되는 신성한 말, 구절, 단어, 음절을 의미한다. 이러한 만트라는 큰 소리로 또는 마음속으로만 부르면서 일정시간 계속 반복하기도 하고 한 번에 끝내기도 한다.

한편, 만트라명상은 만트라를 반복하여 의식을 집중시킴으로써 소리의 진동이 사고의 진동으로 몰입할 수 있도록 유도한다. 이러한 만트라명상은 영혼을 맑게 하는 소리를 듣거나 음송함으로써 마음을 정화시키고 정신생활을 안정되게 할 수 있다.

또한, 만트라는 긴장감과 불안감을 줄여주고, 마음을 진정시켜, 내면의 갈등을 해소하여 자기통제력을 길러 의지력과 내면의 힘을 키우고 목표에 대한 동기부여를 통해 자신에 대한 긍정적인 태도를 갖는 효과가 있다.

4. 집중명상의 단계

◆ 준비명상

① 다리를 가부좌로 앉고 허리를 곱게 펴고 앉는다.
② 어깨를 앞뒤로 가볍게 돌려준다.
③ 박수를 10번 치고 손을 위로하고 1분 동안 손을 빠르게 흔들어준 뒤 멈추고 손바닥을 위로하고 양쪽 무릎 위에 살며시 올려놓고 코로 숨을 들이쉬고 입으로 후~하고 내쉰다.

◆ 본명상

① 가슴 앞으로 두 손을 올려서 약 5cm 양손 바닥을 벌린다.
② 이제 눈을 감고 손과 손바닥 사이의 느낌에 집중한다.
③ 천천히 손을 벌렸다 좁혔다 하면서 손바닥 안에 드는 느낌을 느낀다.
④ 뭔가 뭉클거리는 느낌, 따뜻한 느낌, 밀고 당기는 느낌, 저절로 벌어지는 느낌 등을 느낀다.
④ 잘 느껴지는 사람은 조금 더 넓게 손을 벌렸다 좁혔다 반복한다. 그리고 손바닥을 서로 빙글빙글 돌리면서 에너지 공을 만들어 본다. 축구공처럼 크게, 야구공처럼 작게도 한다.
⑤ 손을 천천히 내리고 양쪽 무릎 위에 살며시 내려놓는다.

◆ 마무리명상

① 숨을 천천히 들이쉬고 입으로 후~하고 내쉰다. (3번)
② 손을 뜨겁게 비벼서 얼굴과 가슴을 쓸어준다.
③ 하고 난 후 기분이 어떤지 표현한다.

5. 집중명상의 효과 및 주의사항

◆ 효과

① 집중명상을 통해 정보처리속도가 높아진다.
② 집중명상을 통해 자신에게 집중할 수 있다.
③ 의도하는 대상에 주의집중할 수 있다.
④ 집중명상을 통해 긴장된 뇌가 이완되고 정서가 안정된다.
⑤ 신체, 정서, 인지 뇌가 통합되어 하나에 집중할 수 있다.
⑥ 집중명상을 통해 몸과 뇌 감각이 살아나면서 자신을 믿는 힘이 향상된다.

◆ 주의사항

① 먼저 신체 활동으로 굳어진 몸을 이완시킨다.
② 처음부터 집중이 잘 안되어질 수 있음을 인정한다.
③ 훈련을 통해서 집중명상이 잘될 수 있다.
④ 작은 느낌을 긍정적으로 인정할 때 느낌이 커져간다.
⑤ 명상에 들어가기 전 현재 자신의 상태를 조절하는 것이 먼저임을 알아야 한다.

6. 집중명상의 실전 연습

◆ 이완명상 실전 연습

① 허리를 펴고 바른 자세로 앉는다.

② 손바닥이 하늘을 보게 하고 양쪽 무릎 위에 손을 올려놓는다.

③ "어깨는 힘을 빼고 턱은 살짝 앞쪽으로 당기고 배에 힘을 주면 척추가 바르게 폅니다"라고 말한다.

④ "눈을 살짝 감고 코로 숨을 들이마시고 입을 살짝 벌리고 입으로 내쉽니다"라고 말한다.

⑤ 반복해서 고요하고 깊게 들이마시고 내쉬는 것을 반복한다.

⑥ 가슴으로 숨을 들이마시고 입으로 내쉬는 것을 반복한다.

⑦ "내 몸과 마음이 편안해지는 것을 느낍니다"라고 말한다.

⑧ "지금부터 제가 부르는 곳에 집중합니다."라고 말한다. 머리, 이마, 눈썹, 코, 입, 목, 어깨, 가슴, 손, 무릎, 발목, 발에 집중한다.

⑨ "몸이 가벼워지고 시원해집니다"라고 말한다.

◆ 이완명상 메타인지 질문

- 머리, 얼굴, 어깨, 손을 부를 때 어떠했나요?
- 이완명상을 하면서 무엇을 느끼셨나요?
- 이완명상을 하고 난 후 변화된 점은 무엇인가요?

느낀 점

변화된 점

◈ 이완명상 힐링 문장

1. 몸과 마음을 이완하면 가볍고 편안해집니다.
2. 몸과 마음을 이완하면 집중할 수 있습니다.
3. 마음을 비우고 새로운 것을 채우면 행복해집니다.

◆ 에너지집중명상 실전 연습

① "지금부터 에너지집중명상을 해 봅시다. 빠르게 박수 10번 그리고 손을 위로하고 빠르게 손을 털어주도록 하겠습니다. 더 빠르게 손을 털어주면서 엄지손가락에 집중해 봅니다"라고 말한다.

② "엄지손가락에 무언가 뭉클거리는 것이 느껴지나요? 내 몸에 있는 에너지입니다. 내 몸에 집중하면 에너지를 느낄 수 있습니다. 손을 내리시고 허리를 곱게 펴고 어깨를 들썩들썩해서 긴장된 몸을 풀어주고 손바닥을 위로하고 양쪽 무릎 위에 살짝 올려놓습니다"라고 말한다(턱은 가슴 쪽으로 살짝 잡아당겨준다).

③ "눈을 살짝 감고 이제부터 코로 숨을 천천히 들이쉬고 입으로 후~하고 내쉽니다. 코로 숨을 들이쉬고 입으로 후~하고 내쉽니다"라고 말한다. 편안한 상태에서 손을 가슴 앞으로 가져온다.

④ 두 손이 닿지 않게 하시고 손에 힘을 빼고 손가락을 펴준다.

⑤ "지금부터 두 손을 천천히 5cm만 벌렸다 오므렸다를 반복합니다"라고 말한다.

⑥ "손에 집중합니다. 손에 힘을 빼고 아주 천천히 손을 움직여 줍니다"라고 말한다.

⑦ "손안에 무언가 느껴지시면 이제는 10cm 정도로 손을 벌렸다 오므려줍니다. 계속 반복합니다"라고 말한다.

⑧ "손안에 어떤 느낌이 있는지 느껴봅니다. 뭉클거리는 느낌, 따뜻한 느낌, 밀고 당기는 느낌, 저절로 벌어지는 느낌 등등 어떤 느낌이라도 좋습니다. 아주 작은 느낌이라도 그 느낌을 긍정하면 점점 더 느낌이 강해집니다"라고 말한다.

⑨ "느낌이 강해지면 두 손을 더 넓게 벌려봅니다. 치즈가 늘어나듯이 쭉 대각선으로도 늘여보고 집중하면 느낌이 사라지지 않습니다. 이제는 공처럼 만들어 보겠습니다. 두 손을 굴려서 작

은 야구공처럼도 만들 수 있고 축구공처럼 크게도 만들 수 있습니다. 에너지를 느끼는 나의 몸과 마음의 상태가 어떤지 한번 느껴봅니다"라고 말한다.

⑩ "자, 이제 천천히 두 손을 양쪽 무릎 위에 내리고 코로 숨 들이쉬고 입으로 후~하고 내쉽니다"라고 말한다. 다시 한번 숨을 들이쉬고 후~하고 내쉰다.

◆ 에너지집중명상 메타인지 질문

- 에너지를 느낄 때 어떠했나요?
- 에너지집중명상을 하면서 무엇을 느끼셨나요?
- 에너지집중명상을 하고 난 후 변화된 점은 무엇인가요?

느낀 점

변화된 점

◆ 에너지집중명상 힐링 문장

1. 에너지를 느낄 때 두뇌 활성화 영역이 확장됩니다.
2. 에너지를 느끼면 안정되고, 여유로워집니다.
3. 몸과 마음이 여유로워지면 행복해집니다.

◆ 만다라명상 실전 연습

① "허리를 펴고 바른 자세로 앉고 손은 양쪽 무릎 위에 살며시 내려놓고 코로 숨을 들이마시고 입으로 내쉽니다"라고 말한다.

② "천천히 호흡하면서 자신의 몸에 집중합니다. 머리－얼굴－목－양쪽 어깨－팔꿈치－손목－손끝－가슴－아랫배－허벅지－무릎－발목－발끝으로 숨을 내쉽니다. 몸에 힘이 빠지고 편안해집니다"라고 말한다.

③ "눈앞에 보이는 만다라에 시선을 집중합니다. 이때 생각이 일어나면 생각이 일어난 것을 알아차리고 다시 시선을 만다라에 집중합니다"라고 말한다.

④ "눈을 감고 시선으로 집중했던 만다라를 그대로 머릿속으로 떠올립니다. 만다라에서 느꼈던 느낌, 생각, 감정들을 내면의 의식 속에서 계속 크고 선명하게 확장시켜 나갑니다"라고 말한다.

⑤ "만다라에서 평화로움을 느꼈다면 평화로움을 확장시켜 나갑니다. 자신이 만다라에서 느꼈던 느낌과 생각, 감정들을 그대로 확장시킵니다"라고 말한다.

⑥ "계속해서 커지는 느낌에 집중하고 만다라에서 발산되는 빛이 퍼져나가면서 자신의 몸, 아픈 부위를 만다라 빛이 채우고 어루만진다고 느끼며 자신의 몸이 치유되고 있다고 상상합니다"라고 말한다.

⑦ "내 몸과 마음이 편안해지고 평화로움이 느껴집니다"라고 말한다.

⑧ "눈을 뜨고 자신이 내면에서 느꼈던 것들을 그림이나 글로 표현해봅니다"라고 말한다.

◆ 만다라명상 메타인지 질문

- 만다라를 그리면서 마음은 어떠했나요?
- 만다라명상을 하면서 무엇을 느끼셨나요?
- 만다라명상을 하고 난 후 변화된 점은 무엇인가요?

느낀 점

변화된 점

◆ 만다라명상 힐링 문장

1. 몸과 마음을 비우고 이완하면 집중할 수 있습니다.
2. 집중하면 의식을 확장할 수 있습니다.
3. 의식이 확장되면 몸과 마음을 치유할 수 있습니다.

◆ 만트라명상 실전 연습

① 현재 중국과 인도에서 사용되는 만트라명상에는 5가지의 종류가 있다.
② 옴: 가장 보편적인 만트라이고, 시작과 근본의 소리이며, 모든 소리를 포함하는 소리이다.
③ 옴 하 흠: 장소를 정화하고 집중력을 향상시키는 소리이다.
④ 옴 타레 툿타레: 내면의 강점을 집중시키고, 내면의 장애물을 정화하며, 용기와 신뢰를 장려한다.
⑤ 옴 나마 시바야: 행복을 위한 소리이다.
⑥ 옴 마니 반메 훔: 가장 강력한 명상 만트라이고, 지혜와 우주와의 친교를 불러일으킨다.
⑦ "자세를 바르게 하고 호흡으로 몸의 힘을 빼고 마음을 편안하게 합니다. 그리고 자신에게 희망을 주고, 마음을 움직이는 만트라를 고릅니다"라고 말한다.
⑧ "지금부터 만트라 옴 명상을 통해 자신의 내면을 바라볼 수 있도록, 눈을 감고 옴 소리를 암송하는 자신에게 집중합니다. 호흡과 리듬에 만트라를 일치시키면서 암송합니다"라고 말한다.
⑨ "소리에 온 정신을 집중합니다"라고 말한다. 5분 정도 한다.
⑩ "옴 소리가 퍼지면서 몸이 이완되고, 마음의 평화가 느껴지실 겁니다. 지금부터는 자신이 고른 만트라를 암송하겠습니다"라고 말한다.
⑪ "소리를 내어 10회 암송합니다. 다음은 입술만 움직여서 조용히 만트라를 외웁니다. 10회 반복했으면 마음속으로 암송합니다. 생각이 떠오르면 만트라에 다시 집중합니다"라고 말한다.
⑫ "천천히 호흡을 들이쉬고 내쉽니다. 마음이 편안해지면 자신의 몸과 마음의 느낌이 어떤지 느껴봅니다. 만트라명상은 소리를

듣고 있는 자신의 마음을 관찰하는 것입니다"라고 말한다.

⑬ 자신만의 만트라를 만들어 만트라명상을 할 수 있다.

◆ 만트라명상 메타인지 질문

- 만트라를 음송하면서 마음은 어떠했나요?
- 만트라명상을 하면서 무엇을 느끼셨나요?
- 만트라명상을 하고 난 후 변화된 점은 무엇인가요?

느낀 점

____

____

____

변화된 점

____

____

____

◆ 만트라명상 힐링 문장

1. 반복하면 집중할 수 있습니다.
2. 집중하면 몸과 마음이 편안해집니다.
3. 몸과 마음을 치유할 수 있습니다.

◆ 집중명상 응용 심화

자기명상은 에너지 느끼는 감각을 쉽게 터득할 수 있도록 자석을 매개로 하는 명상 방법이다. 아무것도 없는 공간에 자석을 하나 놓으면 그 주위에 변화가 생긴다. 눈에는 보이지 않아도 자기장이라는 에너지장이 생기는 것이다. 어떤 형태의 자석을 놓느냐에 따라 에너지 공간의 형태가 달라진다.

또한, 두 개의 자석을 놓으면 각자의 자기장이 서로 영향을 주며 자기장이라는 에너지장의 차원에서 연결되는 공간을 만든다. 따라서 자기 명상은 자석을 통해 우리 몸의 에너지와 에너지장을 느끼는 감각을 활성화 시킨다. 자석과 자석 사이의 에너지장이 만들어 내는 공간감을 느끼는 과정에서 저절로 집중이 되고 명상이 이루어진다.

◆ 자기명상 실전 연습(1)

① "집중명상 응용으로 자기 명상을 해보도록 하겠습니다"라고 말한다.

② "양손에 자석을 가로로 잡고 천천히 자석을 돌려봅니다"라고 말한다.

③ "자석과 자석 사이에 어떤 느낌이 느껴지는지 집중합니다"라고 말한다.

④ "당기는 느낌, 밀어내는 느낌 등이 있으면 이제 눈을 감습니다"라고 말한다.

⑤ "눈을 감고 자석이 서로 부딪치지 않게 조금 벌려서 천천히 돌려줍니다"라고 말한다.

⑥ "집중이 잘되면 자석을 더 크게 벌려서 돌려보고 머릿속으로 느껴지는 에너지장이 어떤 형태인지 상상해 봅니다"라고 말한다.

⑦ 천천히 동작을 멈추고 무릎 위로 손을 내려놓고 호흡을 세 번 하고 마무리한다.

◆ 자기명상 메타인지 질문(1)

- 자석을 돌릴 때 어떠했나요?
- 자기 명상을 하면서 무엇을 느끼셨나요?
- 자기 명상을 하고 난 후 변화된 점은 무엇인가요?

느낀 점

변화된 점

◆ 자기명상 힐링 문장(1)

1. 호흡으로 몸과 마음을 조절합니다.
2. 공간감을 상상합니다.
3. 창의력은 몰입 상태에서 발현됩니다.

◆ **자기명상 실전 연습(2)**

① 집중명상 응용으로 자석을 세운다.

② 자석을 세우기 전 자신의 상태를 호흡으로 조절한다. 자석을 세우려고 생각하면 몸의 힘이 들어가 잘 세워지지 않는다.

④ "세우고자 하는 마음을 내려놓고 호흡으로 자신의 마음을 조절하는 것이 먼저입니다"라고 말한다.

⑤ 준비가 되면 양손에 자석을 하나씩 들고 자석 두 개를 세로로 마주 보게 한다.

⑥ "호흡으로 감정이 안정되면 자석과 자석 사이의 자력을 느끼는 감각이 살아나 아래에 자석을 쥐고 있는 손을 놓아도 자석이 세워집니다"라고 말한다.

⑦ 자기명상을 통해서 자석을 세우는 시간이 길어지고 집중력과 감정을 조절하는 힘이 생겨 창의적인 인지력이 높아진다.

◆ **자기명상 메타인지 질문(2)**

- 자석을 세울 때 어떠했나요?
- 자기 명상을 하면서 무엇을 느끼셨나요?
- 자기 명상을 하고 난 후 변화된 점은 무엇인가요?

느낀 점

변화된 점

◆ **자기명상 힐링 문장(2)**

1. 호흡 조절이 먼저입니다.
2. 집중력과 감정조절력이 향상됩니다.
3. 몰입 상태를 조절하고 유지합니다.

Ⅲ.
걷기명상

1. 걷기명상의 개념 및 특징

◆ 개념

걷기명상은 완전한 주의를 걷는 과정에 두고 발동작과 발의 느낌을 알아차림 함으로써 집중력과 몸의 감각을 깨우는 명상 방법이다. 쉽게 말하자면, 걷고 있는 자신의 발에 주의를 기울여 마음을 집중하는 명상이라 할 수 있다. 몸에서 무게의 옮겨짐부터 당신의 발을 땅에 놓는 방법까지이고 걷기명상은 호흡을 가다듬는 것부터 시작한다. 걷기 전에 먼저 발바닥을 11자로 모으고 서서 호흡을 느낀 뒤 몸과 마음의 긴장을 내려놓고 발에 의식을 집중한다.

이것은 또한 집중, 평온, 일체감, 알아차림, 지혜 등을 발전시킬 수 있는 아주 쉽고도 효과적인 방법이다.

◆ 특징

① 피로와 스트레스 지수가 낮아져 몸이 맑아지고 정화된다.

② 마음이 정화되면 노화가 지연되고, 질병에 대한 면역력이 좋아져 자연치유력이 높아진다.
③ 눈빛, 혈색, 피부가 좋아지고, 얼굴에 광택이 나며, 두통, 우울증, 불면증 등이 치유된다.
④ 주의집중력과 몸의 감각이 깨어나 직관력直觀力이 좋아진다.
⑤ 뇌에 적당한 자극을 주어 자율신경의 작용을 원활하게 하여 우울증 치료에 효과적이며, 스트레스 해소에도 많이 도움된다.
⑥ 혈압을 내리는 도파민이 증가하고 혈압을 높이는 카테콜라민의 분비를 억제하여 혈액의 흐름을 원활하게 한다.

2. 걷기명상의 방법

걷기명상을 할 때 발에 마음을 묶어두고, 발 이외의 그 어떠한 것에도 마음이 가지 않도록 해야 한다. 이렇게 하는 것을 '마음지킴'이라고 한다. 마음지킴은 집중력을 기르는 최상의 방법이다.

① 발이 움직일 때 움직임의 과정과 발의 느낌을 있는 그대로 바라보고 발과 다리의 느낌을 느낀다.
② 발을 드는 동작이 시작되면 시작되는 순간을 분명하게 알아차리고, 진행되면 진행되는 과정을 분명하게 알아차리며, 끝나면 끝나는 순간을 분명하게 알아차린다.
③ 시작 전에 발끝을 11자로 서서 호흡을 한다.
④ 숨을 들이쉬면서 한쪽 발꿈치를 든다.
⑤ 숨을 내쉬면서 발의 발가락 끝만 바닥을 딛고 있게 한다.
⑥ 다시 들어 올리면서 그 발을 들어 앞으로 내밀고, 내쉬면서 그 발을 바닥에 내려놓는다(반대편 발도 이와 똑같이 한다).

⑦ 고개는 꼿꼿이 세우고 가슴은 펴고 목에는 힘을 뺀다.
⑧ 눈은 뜨고 자연스럽게 바라보고 편안하고 느린 속도를 유지하면서 자신의 몸에 집중한다. 몸에 힘이 들어가면 알아차리고 호흡을 통해 힘을 빼준다.
⑨ 발을 들고 내밀고, 내리고 바닥에 대고 누르는 식으로 마음에 새겨둔다.
⑩ 마음이 산만해지면 산만함을 알아챈 다음, 걷기에 다시 주의를 집중한다.

3. 걷기명상의 유형

◆ 묵언명상

걷기명상을 할 때는 호흡과 걸음에 마음을 집중하여 걷는다. 걸을 때 묵언명상으로 말을 하지 않고 마음으로 자신에게 몸에 집중하면서 생활 속에서 복잡했던 생각들이 정리되고, 생각지도 못했던 생각들이 떠오른다.

이런 생각들은 평소 잊고 지내던 내면의 자기 목소리이다. 정신없이 살다 보면 자신을 되돌아볼 시간이 없고, 자기 내면세계의 목소리에 귀 기울여 볼 여유가 없는 것이 사실이다. 이때 한 번쯤 묵언을 수행하면서 자신의 내면세계를 들여다보고, 내면에서 들려오는 소리에 귀를 기울인다면 삶은 더욱 풍요로워질 것이다.

◆ 장생보법

장생보법은 우선 걸을 때 용천에 의식을 두고 발을 디디는 것이다. 편안하게 서서, 발바닥 중심에서 약 1도 정도 앞쪽에 힘을 준다.

그러면 발바닥 용천혈에 자연스럽게 무게가 실리는데, 이 혈을 자극하면 머리에 있는 기운이 아래로 내려가 마음이 편안해진다.

그리고 발가락을 의식에 두고 땅을 움켜쥔다는 느낌으로 발바닥으로 무게를 느끼면 그 힘이 무릎과 고관절, 단전으로 올라와 몸의 중심이 잡히며, 이어 가슴과 목, 뇌로 연결되어 뇌에 자극이 느껴진다. 몸의 중심이 용천혈에서 백회혈(정수리)까지 하나로 연결된 느낌을 갖는 것이 중요하다.

특히, 장생보법의 과정은 다음과 같다.

첫째, 11자로 걷는다.

둘째, 용천을 지압하듯이 걷는다.

셋째, 꼬리뼈를 말고 걷는다.

넷째, 정면을 바라보고 신나게 걷는다.

다섯째, 자신의 몸을 느끼면서 걷는다.

4. 걷기명상의 단계

◆ 준비명상

① 몸의 힘을 뺀다.

② 두 손을 깍지 끼고 머리위로 올려서 기지개를 켠다.
어깨를 앞뒤로 가볍게 돌려준다.

③ 호흡을 가다듬고 지금부터 걷기명상을 하겠다고 마음속으로 선택한다.

◆ 본명상

① 발바닥에 온몸의 장기들이 연결되어 있어 발바닥을 자극시킴

으로서 몸의 장기들에게 긍정적인 영향을 줄거라는 상상을 하며 걷기 시작한다.

② 걷기 시작하면 마음을 발바닥에 집중하고 양쪽 다리의 무게의 균형이 맞는지 바라보며 조절하며 걷는다.

③ 몸의 힘을 빼고 호흡을 코로 들이마시고 입으로 내쉰다.

④ 발바닥과 몸의 느낌이 어떤지 느껴본다.

⑤ 발바닥에 통증이 있는지? 다리의 무게감은 어떤지? 내 몸의 온도는 어떠한지? 의식을 발에 두고 걸으면서 몸의 변화에 느낌을 느껴본다.

⑥ 발에 집중되지 않는 순간 다른 생각들이 떠오르면 집중되지 않는 자신을 바라보고 다시 발바닥에 집중한다.

⑦ 자연스럽게 마음이 평화로워지면 걷고 있는 자신을 바라볼 수 있는 관찰자의 마음 상태가 이루어져 자신의 몸과 마음을 느낄 수 있는 뇌의 감각이 깨어난다.

◆ **마무리명상**

① 숨을 천천히 들이쉬고 입으로 후~하고 내쉰다. (3번)

② 가만히 서서 발바닥과 몸의 느낌이 어떤지 느껴본다.

③ 하고 난 후 기분이 어떤지 표현한다.

5. 걷기명상의 효과 및 주의사항

◆ **효과**

① 관절이 유연해지고 하체 근육에 힘이 생긴다.

② 다이어트, 소화불량, 불면증에 효과가 있다.

③ 머리가 맑아지고 입에 단침이 고인다.
④ 몸에 힘이 생기면서 삶에 의욕이 생긴다.
⑤ 마음이 편안해지고 대인관계가 너그러워진다.
⑥ 집중력과 몸의 감각이 살아난다.

◆ 주의사항

① 처음부터 무리하게 하지 걷지 않는다.
② 걸을 때 다른 사람과 말을 많이 하지 않도록 한다.
③ 몸의 힘을 주지 않도록 한다.
④ 빠르게 걸으려고 하지 말고 자신의 몸과 호흡의 상태에 맞추어 걷는다.

6. 걷기명상의 실전 연습

◆ 실전 연습

① "여러분 지금부터 걷기명상을 하겠습니다. 허리를 곱게 펴고 어깨를 들썩들썩해서 몸의 긴장을 풀어주고 허리도 가볍게 좌, 우로 돌려주고 편안하게 호흡을 합니다"라고 말한다.
② 걷기명상을 할 때 호흡과 자신의 발에 집중하여 걷는다.
③ "걷기 전에 몸을 한번 느껴보도록 합니다. 발바닥을 11자로 하고 서서 발바닥을 통해 몸의 무게를 느끼고 양쪽 다리의 균형이 맞는지 느껴봅니다"라고 말한다.
④ "모든 생각을 내려놓고 자신의 몸에 집중되는 감각을 즐기도록 하겠습니다"라고 말한다.
⑤ 발바닥에 집중되는 순간 생각도 멈춰지고 걷고 있는 자신의

몸의 느낌과 평온해지는 마음 상태를 느껴본다.

⑥ 몸의 힘이 빠지고 마음이 고요해질수록 평상시 느끼지 못했던 것들에 대한 감사함과 자신에 대한 소중함을 깨닫는다.

⑦ 들이쉬는 숨을 통해 새로운 것이 들어오고 내쉬는 숨을 통해 자신의 몸에 나쁜 것들이 빠져 나간다고 생각하며 걷는다.

⑧ 가만히 서서 숨을 들이쉬고 내쉬면서 몸의 느낌과 마음의 상태를 느껴보고 어떤 변화가 있는지 자신을 바라본다.

⑨ 자신에게 긍정적인 칭찬을 한다.

◆ 걷기명상 메타인지 질문

- 걸으면서 무엇을 느끼셨나요?
- 발바닥에 무엇을 느끼셨나요?
- 걸으면서 내 몸의 상태는 어떠했나요?
- 걷기명상을 하고 난 후 변화된 점은 무엇인가요?

느낀 점

______

______

______

변화된 점

______

______

______

◆ 걷기명상 힐링 문장

1. 발에 집중하면 몸과 마음이 가벼워집니다.
2. 몸과 마음이 가벼워지면 자유로워집니다.
3. 자유로워지면 창조가 일어납니다.

◆ 걷기명상 응용 심화

맨발걷기명상은 발이 땅에 닿는 느낌에 의도적으로 집중하여 신체의 변화를 알아차리는 명상법이다. 맨발걷기명상은 자연을 느끼면서 자연과의 공감 능력이 향상되고 뇌 신경계의 활동이 원활해져 머리는 맑아지고, 뇌척수액 분비가 활발해져 세로토닌 등 행복 호르몬의 분비로 안정된 정서 상태가 된다. 특히, 제2의 심장이라고 불리는 '발'은 우리의 몸에서 가장 많은 반사구가 분포하고 있으며 신체 각 부위와 밀접한 상관관계를 보일 정도로 중요한 부위이다. 우리 몸에서 가장 먼저 피로를 느끼는 부위가 발이기도 하다. 발은 심장에서 가장 멀리 떨어져 있어 혈액순환이 쉽지 않고 이로 인해 노폐물이 쌓이기 쉬워 질병의 원인이 될 수 있다. 이러한 말초신경이 모여있는 발바닥을 자극해 혈액순환을 원활하게 하며 면역기능을 높이고 스트레스가 해소되어 기억력향상과 불면증, 두통, 배변 활동에 도움을 주며, 염증, 면역반응, 상처치유 등에도 도움이 된다.

또한, 맨발걷기의 효능을 더 좋게 하기 위한 방법은 바른 자세로 걷는 것이다. 걸을 때 보폭을 크게 하고 정자세로 똑바로 걷는 것이 몸의 체형이나, 균형 자체에 도움을 준다.

◆ 맨발걷기명상 실전 연습

① "가볍게 온몸을 툭툭 털어줍니다. 팔, 손목, 다리, 발목. 그리고 두 팔을 들어 올리면서 가볍게 상체를 늘려주고 허리를 숙이면서 하체를 스트레칭을 해주어 몸의 감각을 깨웁니다"라고 말한다.

② "숨을 편안하게 들이쉬고 내쉽니다. 편안하고 여유 있는 마음으로 맨발걷기명상을 한다고 생각하며 맨발걷기를 하는 것입니다"라고 말한다.

③ "바르게 서서 몸의 무게를 느끼고, 다리의 무게, 발바닥의 무게를 느껴 봅니다. 걸을 때는 허리를 펴고 바르게 서서 걷고 있는 자신의 몸을 알아차리는 것입니다"라고 말한다.

④ "이제 천천히 숨을 내쉬면서 땅에 닿는 발바닥의 느낌에 집중하며 걷습니다"라고 말한다.

⑤ "발바닥의 느낌에 주의를 집중하면 머리는 시원해지고 마음은 편안해지면서 저절로 명상이 되어 자신을 알아차리게 됩니다"라고 말한다.

⑥ "어떤 느낌이 일어나는지, 어떤 소리가 들리는지, 평소 못 보았던 것들이 보이고, 내 몸을 스치는 바람의 느낌 등을 알아차리게 됩니다"라고 말한다.

⑦ "자연과 내가 하나되는 체험을 할 수 있습니다"라고 말한다.

⑧ "세로토닌 행복호르몬의 분비로 머리는 맑아지고 발의 열기와 온몸의 혈액순환이 원활해지는 것이 느껴지며 긍정적이고 행복한 마음 상태를 알아차립니다"라고 말한다.

⑨ 가벼운 스트레칭과 호흡으로 마무리합니다.

◆ 맨발걷기명상 메타인지 질문

- 발이 땅에 닿는 느낌이 어떠하였나요?
- 맨발걷기명상을 하면서 무엇을 느끼셨나요?
- 맨발걷기명상을 하고 난 후 변화된 점은 무엇인가요?

느낀 점

변화된 점

◆ 맨발걷기명상 힐링 문장

1. 가벼워지는 만큼 자유로워집니다.
2. 내 몸에 집중해야 내 마음이 보입니다.
3. 마음을 열면 자연이 내 마음으로 들어옵니다.

Ⅳ. 마음챙김명상

1. 마음챙김명상의 개념 및 특징

◆ 개념

마음챙김명상은 지금, 이곳에서, 일어나고 있는 경험에 대해 열린 마음으로 바라보는 것이다. 즉, 자기관찰이다. 내가 하는 생각, 내가 바라는 욕구, 내가 하는 행동을 관찰하고 내가 느끼는 감정과 경험하는 감각을 관찰한다. 또한, 마음챙김의 핵심은 자기객관화다. 자기 자신에 대한 객관적 바라봄이고 지금–여기서 무엇을 하고 있는가에 대한 순수한 자각이다.

결국 마음챙김은 감각, 인지, 정서, 욕구, 행동 모두 마음의 현상, 즉, 의식 경험에 대한 판단과 분별없이 단지 있는 그대로 인식하는 것이다. 알아차림하는 것이다.

◆ 특징

마음챙김명상은 다음과 같은 특징을 가지고 있다.

① 객관적으로 바라보게 된다.
② 마음의 불 건강한 요소들의 작용을 감소시킨다.
③ 마음의 불 건강한 요소들을 해체시킬 수 있다.
④ 부정적인 감정을 약화시킨다.
⑤ 정보처리 방식을 바꾸게 된다.
⑥ 지금－여기에 깨어있게 된다.

2. 마음챙김명상의 방법

마음챙김명상의 기본형인 호흡 마음챙김명상, 몸 마음챙김명상, 우두커니 마음챙김명상 등은 각각 호흡에 따른 감각, 몸에서 느껴지는 감각, 오감을 통해 경험되는 감각에 주의를 집중하며 마음챙김하는 명상이다.

① 감각에 주의를 집중하면 욕구, 생각이 줄어들게 된다.
② 감각에 주의를 집중하여 욕구, 생각이 줄면 정서가 안정된다.
③ 감각에 주의를 집중하여 욕구, 생각을 내려놓을수록 마음상태는 영점－나 상태에 가까워져 평화로운 마음 상태가 된다.
④ 욕구, 생각이 떠오를 때 그것을 바라보고 알아차리는 훈련도 할 수 있다.
⑤ 일상생활에서 작용하는 욕구, 생각을 순수하게 바라보며 그 영향력을 감소시키는 선택을 할 수 있고 그것은 탈 조건화 과정도 일어나게 된다.

3. 마음챙김명상의 유형

◆ 호흡 마음챙김명상

호흡 마음챙김명상은 주의집중의 대상을 호흡 감각에 주의를 집중하는 훈련이다. 매 순간 느껴지는 특정한 호흡 감각을 느끼고 있음을 알아차린다. 먼저 호흡 감각에 순수한 주의를 하는 집중명상을 하면서 동시에 지금-여기에서 자신이 무엇을 하고 있는지에 대한 순수한 알아차림을 놓치지 않는다.

① 먼저 자세를 편안하게 앉는다.
② 어깨를 뚝 떨어뜨리고 얼굴, 표정과 몸, 마음을 편안하게 하면서 호흡 마음챙김명상을 시작한다.
③ 코, 목, 가슴, 배 등 호흡을 느낄 수 있는 모든 부위에서의 감각들을 주의의 대상으로 삼는다.
④ 가슴과 배를 포함하는 몸통 부위 전체를 호흡 감각의 관찰위치로 삼는다.
⑤ 익숙해지면 배에서 호흡 감각을 관찰한다.
⑥ 호흡을 통제하지 않고 몸이 알아서 호흡하게 하며 단지 몸이 어떻게 호흡을 하고 있는지 순수하게 지켜본다.
⑦ 호흡의 길이, 들숨과 날숨의 부드러움, 가늘고 긴지 지켜본다.
⑧ 느껴지는 감각을 마음챙김한다.
⑨ 욕구와 생각이 나타나면 잘 알아차림하고 내려놓는다.

◆ 몸 마음챙김명상

몸 마음챙김명상은 몸 집중명상을 하는 행위를 마음챙김하는 명상 방법이다. 몸 마음챙김명상에서는 순수한 주의집중의 대상을 몸의 감각 전체로 하고 각 부위로 체계적으로 이동하면서 마음챙김한다.

몸의 각 부위에 순수한 주의를 보내는 몸 마음챙김명상은 몸에 대한 경청이고 몸에 대한 사랑이다. 또한 신체 부위를 부르며 진행할 때는 각 부위의 명칭을 마음속으로 천천히 3번씩 불러주며 그곳으로 주의를 보낸다. 몸 마음챙김명상을 통해 몸과 친밀해지고 동시에 몸을 객관적인 대상으로 볼 수 있게 된다.

특히, 몸 마음챙김명상의 목적은 다음과 같다. 첫째, 우리 몸의 감각과 친해지는 훈련이다. 둘째, 욕구와 생각이 줄어든 상태의 순수한 감각을 경험하는 훈련이다. 셋째, 욕구와 생각을 내려놓는 훈련이다. 넷째, 몸의 감각에 대한 집중과 몸과 마음의 이완 효과도 가져온다.

① 몸과 마음을 편안히 한다.
② 몸 각 부위에 순차적으로 주의집중하여 감각을 잘 느끼게 한다.
③ “몸의 상태가 긴장하고 있는가?, 불편한가?, 따뜻한가?, 부드러운가?, 갑갑한가?” 등을 스스로에게 묻는다.
④ 몸의 부위에 주의를 주면 긴장이 풀어져 이완감이 느껴지기도 한다. 그러나 일부러 이완감을 느끼려고도 하지 않는다.
⑤ 몸이 어디 불편할 때 불편에서 벗어나고 싶어 하는 욕구를 잘 마음챙김한다.
⑥ 모든 과정에서 자신이 무엇을 느끼고 무엇을 경험하고 있는지를 순수하게 지켜본다.

◈ 우두커니 마음챙김명상

우두커니 마음챙김명상은 순수한 주의집중의 대상을 특별히 정하지 않고 몸에서 경험되는 감각뿐 아니라 모든 감각의 문을 열어 두고, 욕구와 생각을 내려놓고 선택 없이, 우두커니 주의가 가는 대로 경험되는 감각을 알아차림한다.

우두커니 마음챙김명상을 할 때는 욕구–생각을 쉬고 깨어있음, 욕구–생각을 쉬고 단지 깨어 알아차리는 자리를 유지함을 훈련하는 것이 중요하다. 또한 일상생활에서 자연스럽게 문득 실행할 수 있는 훈련이다. 문득 마음을 쉬고 내 몸에서 느껴지는 감각들뿐만 아니라 나의 주변에서 경험되는 감각들을 느끼며 객관화하여 바라보는 마음챙김을 한다. 내가 나의 몸과 나의 주변 세계에서 무엇을 자각하고 내 몸이 어떤 상태에 있는지를 분명하게 자각한다.

① 5분간 우두커니 마음챙김명상을 하기로 선택한다.
② 문득 욕구–생각을 내려놓고 깨어있을 뿐이다.
③ 소리가 들린다, 소리를 듣고 있음을 안다.
④ 호흡을 느껴진다. 호흡을 느끼고 있음을 안다.
⑤ 몸이 느껴진다. 지금–여기에 깨어있음을 안다.
⑥ 욕구–생각이 일어나면 알아차리고 지금–여기로 돌아온다.
⑦ 온전히 지금–여기에 내가 존재함을 알아차린다.

4. 마음챙김명상의 단계

◆ 준비명상

① 자세를 편안히 한다.
② 어깨를 움직여 긴장된 근육을 풀어준다.
③ 10분간 마음챙김명상을 하기로 마음먹는다.
④ 손은 편안하게 양쪽 무릎 위에 올려놓는다.

◆ 본명상

① 먼저 호흡에 주의를 두고 호흡하고 있는 나를 알아차린다.
② 들숨과 날숨이 부드럽고 편안한지, 거칠고 빠른지를 느껴본다.
③ 호흡을 바라보고 있는 나를 알아차린다.
④ 욕구 – 생각이 일어나면 내려놓고 다시 호흡으로 주의를 둔다.
⑤ 내 몸 전체에 주의를 두고 몸의 감각을 느껴본다.
⑥ 지금 – 여기에 깨어있는 자신을 알아차린다.
⑦ 신체 각 부위를 마음속으로 세 번씩 부르면서 마음챙김한다.
⑧ 몸의 감각을 느낀다. 느끼고 있는 나를 알아차린다.
⑨ 커피향이 느껴진다. 커피향을 맡고 있음을 안다.
⑩ 특정한 감각을 좇아가지도 쫓아내지도 않는다.
⑪ 다만 받아들이고 자유롭게 흘러가게 한다.
⑫ 욕구 – 생각의 작용을 쉬고 단지 또렷이 깨어 지금 – 여기에서 무엇을 느끼고 있는지를 마음챙김한다.

◆ 마무리명상

① 숨을 천천히 들이쉬고 입으로 후~하고 내쉰다. (3번)
② 몸과 마음의 어떤 변화가 있는지 알아차린다.
③ 하고 난 후 기분이 어떤지 표현한다.

5. 마음챙김명상의 효과 및 주의사항

◆ 효과

① 자신이 하는 행위를 자각하게 해준다.
② 객관적으로 보게 된다.

③ 현명한 선택을 하게 도와준다.
④ 집착하지 않게 된다.
⑤ 마음을 정화한다.
⑥ 나와의 새로운 관계를 정립한다.

◆ 주의사항

① 욕구-생각을 의도적으로 없애려 하지 않는다.
② 마음의 현상을 분별하거나 판단하지 않는다.
③ 호흡을 의도적으로 통제하지 않는다.
④ 천천히 훈련을 통해 마음챙김을 할 수 있도록 편안한 마음을 갖도록 한다.

6. 마음챙김명상의 실전 연습

◆ 호흡 마음챙명상의 실전 연습

① "허리를 곱게 세우고 손은 무릎 위에 살짝 올려놓고 가볍게 호흡을 들이마시고 내쉽니다"라고 말한다.
② "머리부터 발끝까지 자신의 몸을 살피고 불편한 곳이 없는지 알아차리고 힘을 빼줍니다"라고 말한다.
③ "코, 목, 가슴, 배 등 호흡을 느낄 수 있는 모든 부위에서의 감각들을 주의의 대상으로 삼고 천천히 호흡에 집중합니다"라고 말한다.
④ "코로 들이마시는 입으로 내쉬는 호흡에 집중합니다. 들이마시고 내쉬는 호흡의 감각을 느낍니다. 빠르고 짧은지, 거칠게 들이마시는지, 길고 부드럽게 들이마시는지, 분별과 판단하지

말고 그냥 알아차리면서 계속 호흡에 집중합니다"라고 말한다.

⑤ "가슴과 배를 포함하는 몸통 부위 전체를 호흡 감각의 관찰위치로 삼고 느껴봅니다. 욕망과 생각이 일어나면 알아차리고 다시 호흡에 집중합니다"라고 말한다.

⑤ "익숙해지면 배에서 호흡 감각을 관찰합니다. 숨을 들이마실 때 배가 나오고, 내쉴 때 배가 들어가는지, 호흡이 자연스러운지, 몸에 온도 변화가 일어나는지에 대한 감각을 알아차립니다"라고 말한다.

⑥ "호흡을 통제하지 않고 몸이 알아서 호흡하게 하며 단지 몸이 어떻게 호흡을 하고 있는지 순수하게 지켜봅니다"라고 말한다.

⑦ "욕구와 생각이 나타나면 잘 알아차림하고 내려놓고, 호흡의 길이, 들숨과 날숨의 부드러움 등이 느껴지는 감각을 순수하게 알아차리고 호흡하고 있는 자신을 바라보며 마음챙김합니다"라고 말한다.

◆ 호흡 마음챙김명상 메타인지 질문

- 호흡을 하고 난 후 느낌은 어떠한가요?
- 호흡 마음챙김명상을 하고 난 후 느낌은 어떠한가요?
- 욕구-생각이 일어날 때 내려놓고 호흡이나, 몸으로 주의를 옮기는 게 잘 되었나요?

느낀 점

변화된 점

◆ **호흡 마음챙김명상 힐링 문장**

1. 내부의식에 집중할 수 있습니다.
2. 몸과 마음을 이완시킬 수 있습니다.
3. 감정을 다스릴 수 있습니다.

◆ 몸 마음챙김명상의 실전 연습

① "명상에 들어가기 전 스트레칭으로 몸을 이완시켜 줍니다. 몸과 마음을 편안히 합니다"라고 말한다.

② "몸 각 부위에 순차적으로 주의집중하여 감각을 느낍니다. 머리－얼굴－목－어깨－팔－손끝－가슴－아랫배－허벅지－무릎－발목－발끝의 집중하여 감각을 느껴봅니다"라고 말한다.

③ "'지금 나의 몸의 상태가 긴장하고 있는가?, 불편한가?, 따뜻한가?, 부드러운가?, 갑갑한가?' 등을 감각을 알아차리고 내려놓습니다. 다시, 주의를 자신의 몸에 두고 순순하게 마음챙김합니다"라고 말한다.

④ "몸의 부위에 주의를 두고 호흡을 하면 긴장이 풀어져 이완감이 느껴지기도 합니다. 그러나 일부러 이완감을 느끼려고도 하지 않습니다. 또한, 몸이 어디 불편할 때 불편에서 벗어나고 싶어하는 욕구를 마음챙김합니다"라고 말한다.

⑤ "욕망과 생각이 일어나면 순수하게 바라보고 내려놓습니다. 그리고 다시 자신의 몸의 감각에 집중합니다"라고 말한다.

⑥ "모든 과정에서 자신이 무엇을 느끼고 무엇을 경험하고 있는지를 순수히 지켜봅니다"라고 말한다.

◆ 몸 마음챙김명상 메타인지 질문

- 몸을 바라보고 알아차림하고 난 후 느낌은 어떠한가요?
- 몸 마음챙김명상을 하고 난 후 느낌은 어떠한가요?
- 욕구－생각이 일어날 때 내려놓고 호흡이나, 몸으로 주의를 옮기는 게 잘 되었나요?

느낀 점

변화된 점

◆ 몸 마음챙김명상 힐링 문장

1. 자신한테 집중할 수 있습니다.
2. 몸과 마음 상태를 알아차릴 수 있습니다.
3. 자신이 원하는 것을 알아차릴 수 있습니다.

◆ 우두커니 마음챙김명상의 실전 연습

① “지금부터 5분간 우두커니 마음챙김명상을 하기로 선택하고 편안하게 호흡을 합니다”라고 말한다.

② “문득 욕구-생각이 일어나면 순수하게 내려놓고 깨어있을 뿐입니다. 눈의 힘을 빼고 멍하니 먼 곳을 응시합니다”라고 말한다.

③ “자연의 소리가 들립니다. 자신이 소리를 듣고 있음을 알아차립니다”라고 말한다.

④ “호흡이 느껴집니다. 자신의 호흡을 느끼고 있음을 알아차립니다”라고 말한다.

⑤ “몸이 느껴집니다. 지금-여기에 자신이 깨어있음을 알아차립니다”라고 말한다.

⑥ “문득 욕구-생각이 일어나면 알아차리고, 지금-여기로 돌아와 자신에게 일어나는 느낌을 알아차립니다”라고 말한다.

⑦ “지금-여기에 깨어있는 자신을 알아차릴 때 어떠한 느낌이 일어나는지 알아차립니다”라고 말한다.

⑧ “온전히 지금-여기에 내가 존재함을 알아차립니다”라고 말한다.

◆ 우두커니 마음챙김명상 메타인지 질문

- 우두커니 바라보고 난 후 느낌은 어떠한가요?
- 우두커니 마음챙김명상을 하고 난 후 느낌은 어떠한가요?
- 욕구-생각이 일어날 때 내려놓고 호흡이나, 몸으로 주의를 옮기는 게 잘 되었나요?

느낀 점

변화된 점

◆ 우두커니 마음챙김명상 힐링 문장

1. 쉼을 줍니다.
2. 0점의 상태를 회복시켜 줍니다.
3. 깨어있음을 느낍니다.

V. 자애명상

1. 자애명상의 개념 및 특징

◈ 개념

자애명상은 자신의 삶이 소중하며 행복해지기를 바라는 마음으로 조건이 없고 한계 없는 사랑의 마음을 의도적으로 길러 대상을 향해 보내는 조건 없는 마음이다. 그리고 자신에게 향했던 자애의 마음을 대상을 한정하지 않고 모든 살아있는 존재를 향해 자애의 마음을 일으킨다. 다음에는 대상을 한정시켜 특정한 대상을 향해 자애의 마음을 일으킨다.

특히, 자애명상이 충분히 개발되면 자신, 특정한 사람, 중립적인 사람, 싫은 사람, 미운 사람에게 똑같이 자애의 마음을 일으킬 수 있게 된다. 반면 마음에서 용서가 일으켜지고 분노와 미움을 비워버리게 되어 행복하고 평화로운 마음으로 생활하게 된다.

◆ 특징

① 관계 개선에 도움이 된다.
② 자애심을 일으킨다.
③ 내면의 평온함을 만들 수 있게 된다.
④ 방황하는 마음을 추스르게 된다.

2. 자애명상의 방법

자애명상은 자신이 소중하고 사랑스러운 존재임을 알게 해주는 명상이다. 자신에 대한 자애명상에 들어가기에 앞서 자신에 대해 깊이 숙고한 후에 자신이 세상에서 가장 소중하며 행복해질 가치가 있다는 점을 깊이 생각해야 한다.

① 방황하는 마음을 다스리기 위해 호흡 숫자를 1~10까지 센다.
② 방해하는 것들은 부드럽지만 단호하게 내려놓고 호흡에 집중한다.
③ 내면의 평온을 찾아가는 길이라 여긴다.
④ 마음속으로 "나는 사랑을 들이쉬고 사랑을 내쉽니다"라고 여기며 호흡을 한다.
⑤ 나는 감사함을 들이쉬고 감사함을 내쉰다.
⑥ 나는 기쁨을 들이쉬고 기쁨을 내쉰다.
⑦ 나는 행복을 들이쉬고 행복을 내쉰다.
⑧ 나는 풍요로움을 들이쉬고 풍요로움을 내쉰다.
⑨ 마음이 평온해지면 자신을 향한 자애의 문구를 마음속으로 반복한다.
⑩ 내 자신이 행복하고 평화롭기를 바란다.

⑪ 괴로움과 슬픔에서 벗어나기를 바란다.

⑫ 다음으로 모든 존재에 대한 자애명상으로 자애심을 키워 나간다.

3. 자애명상의 유형

◆ 용서에 대한 자애명상

자애명상으로 들어가기에 앞서 내 마음속에 간직해온 죄책감, 타인에 의한 적개심 등으로 인해 힘들었던 자신의 마음을 깊이 숙고하고 용기를 내어 용서 구하기를 먼저 한다.

① 만일 내가 다른 사람에게 몸으로 마음으로 생각으로 잘못을 행했다면 용서를 구한다.

② 내가 남에게 한 잘못을 용서를 구한다.

③ 남이 나에게 한 잘못을 용서를 구한다.

④ 내가 남에게 한 잘못을 용서를 구한다.

⑤ 남이 나에게 한 잘못을 용서를 구한다.

◆ 자신에 대한 자애명상

자애명상에 들어가기에 앞서 먼저 자신에 탐색한다. 좋은 점, 잘하는 점, 지금 행복해지기를 바라는 점을 깊이 숙고한 후에 자신이 행복해질 가치가 있다는 점을 생각하고 자신을 향한 자애 문구를 마음속으로 반복하면서 진정으로 자신이 행복해지기를 바라는 마음을 계속해서 일으킨다.

① 내 자신이 행복하고 평화롭기를 바란다.
② 내 자신이 괴로움과 슬픔에서 벗어나기를 바란다.
③ 내 자신이 안전하고 자유롭기를 바란다.
④ 내 자신이 사랑스럽고 감사하기를 바란다.
⑤ 자애 문구를 5분 정도 반복하며 자애심을 일으킨다.

◆ 사랑하는 대상에 대한 자애명상

사랑하는 가족, 친척, 친구에 대해 깊이 생각하고 섭섭함, 애잔함, 분노 등의 마음을 숙고하여 사랑하는 사람들이 진정으로 행복해지길 바라는 마음으로 자애 문구를 마음속으로 반복해서 자애심을 일으킨다.

① 내 가족이 행복하고 평화롭기를 바란다.
② 내 가족이 안전하고 자유롭기를 바란다.
③ 내 가족이 괴로움과 슬픔에서 벗어나기를 바란다.
④ 5분 정도 계속해서 자애심을 일으켜 나간다.

◆ 한정된 대상에 대한 자애명상

고마운 분, 존경하는 스승, 은인, 부모님을 존경하는 면을 숙고하고 진정으로 행복해지기를 바라는 마음으로 자애 문구를 마음속으로 반복해서 자애의 마음을 일으킨다.

① 스승님께서 행복하고 평화롭기를 바란다.
② 스승님께서 안전하고 자유롭기를 바란다.
③ 스승님께서 괴로움과 슬픔에서 벗어나기를 바란다.
④ 문구를 반복하면 내 마음에서 자애심이 일어나 평온해지고 기쁨의 정서 상태가 된다.

◆ 모든 대상에 대한 자애명상

내 자신의 삶이 소중하여 행복하기를 바라는 것처럼 모든 생명 있는 존재들의 삶도 각자 가장 소중하며, 모든 존재들도 행복하고 잘되고 평화롭기를 바란다는 사실을 생각하면서, 모든 존재들이 잘되고 행복하고 평화롭기를 바라는 마음을 일으켜서 그 마음을 모든 존재들에게 보낸다.

① 모든 사람들이 행복하고 평화롭기를 바란다.
② 모든 사람들이 안전하고 자유롭기를 바란다.
③ 모든 사람들이 괴로움과 슬픔에서 벗어나기를 바란다.
④ 5분 정도 계속해서 자애심을 일으켜 나간다.

4. 자애명상의 단계

◆ 준비명상

① 몸과 마음을 편안히 한다.
② 호흡 숫자를 세면서 10번을 한다.
③ 마음속으로 "나는 감사함을 들이쉬고 감사함을 내쉽니다"하면서 내면을 평온하게 만든다.

◆ 본명상

① 자신이 진정으로 행복해지길 바라는 마음으로 자애 문구를 반복하여 자애심을 일으킨다.
② 내가 남에게 한 잘못을 용서를 구한다.
③ 남이 나에게 한 잘못을 용서를 구한다.

④ 내 자신이 행복하고 평화롭기를 바란다.
⑤ 내 자신이 안전하고 자유롭기를 바란다.
⑥ 내 자신이 괴로움과 슬픔에서 벗어나기를 바란다.
⑦ 5분~10분 정도 계속해서 자애심을 일으켜 나간다.

◆ 마무리명상

① 숨을 천천히 들이쉬고 입으로 후~하고 내쉰다. (3번)
② 마음의 어떤 변화가 일어나는지 느껴본다.
③ 하고 난 후 기분이 어떤지 표현한다.

5. 자애명상의 효과 및 주의사항

◆ 효과

① 방황하는 마음을 다스릴 수 있다.
② 자신의 감정을 조절할 수 있다(긴장, 불안, 흥분, 화남).
③ 자신을 사랑하는 자애심을 일으킨다.
④ 자신을 용서하고 타인을 용서할 수 있다.
⑤ 관계 개선을 할 수 있다.

◆ 주의사항

① 처음엔 자애심이 안 일으켜질 수도 있고 어색할 수도 있다.
② 아무런 느낌이 생기지 않을 수도 있다.
③ 지속적으로 좋은 의지를 일으키게 되면 점차 진심으로 자애의 마음이 생겨나기 시작한다.

④ 처음 1주일 정도는 고마운 사람, 존경하는 사람, 은혜를 입은 사람이나 단체를 향해서 자애명상을 하여 마음속에 자애의 느낌이 일어난 후에 사랑하는 사람, 중립적인 사람, 싫은 사람에게로 순서에 따라 옮겨가야 한다.

6. 자애명상의 실전 연습

◈ 용서에 대한 자애명상 실전 연습

① "지금 이 순간 자신의 몸과 마음의 먼저 집중합니다. 눈을 감고 잠시 동안 용서라는 감정에 대해 느껴봅니다"라고 말한다.
② "삶을 돌아보고, 내가 살아오면서 상대방에게 고통받아 아파했던 기억을 떠올려 봅니다. 잠시, 그 사람을 바로 거기, 당신 가슴의 마음 한복판에서 느껴봅니다. 그리고 마음으로 그 사람에게 전달합니다. 당신이 과거에 나에게 생각이나, 말이나, 행동으로 내게 고통을 일으킨 그 모든 행동들에 대하여 당신을 용서합니다, 당신을 용서합니다"라고 말한다.
③ "천천히 그 사람을 당신의 마음에서 내려놓습니다. 만일, 아픔이 오면 아프게 놔두고 그 사람들에게 당신의 마음을 열고 그저 잠깐동안 용서의 문을 열고 나의 원한을 내려놓습니다. 또한, 그 사람이 용서받도록 해줍니다"라고 말한다.
④ "마음속에 당신이 용서를 구하고 싶은 사람들을 떠올리고 마음으로 그들에게 용서를 구합니다. 나는 생각이나, 말, 행동으로 과거에 당신에게 고통을 일으켰을지도 모를 그 행동들에 대하여 당신의 용서를 구합니다. 내가 남에게 한 잘못을 용서를 구합니다"라고 말한다.

⑤ "자신을 용서합니다. 자신을 마음속으로 불러내어 자신에게 말해줍니다. 자신을 물리치지 말고, 자신의 이름을 부르며 마음으로 '○○야! 나는 너를 용서합니다'. 자기용서의 마음을 열고, 마음속에 자신을 위한 공간을 마련합니다. "나는 너를 용서합니다"라고 말한다.

⑥ "자신을 향한 그 신랄함, 그 가혹함, 그 채찍질을 모두 놓아버리고 자애의 불빛이 자신을 향하게 합니다. 자기용서 속의 자유를 느끼고, 자신에게 자기용서의 연민을, 애정을 건네주세요. 당신이 이해, 용서, 그리고 평온의 마음 안에서 살아가게 합니다. 그동안 자신을 사랑하는 게 얼마나 어려웠는지를 느껴봅니다"라고 말한다.

⑦ "자신의 마음속에 따뜻하고 넉넉한 마음이 솟아나고 있음을 느껴봅니다"라고 말한다.

◆ **용서에 대한 자애명상 메타인지 질문**

- 용서하는 마음이 일어난 후 무엇을 느끼셨나요?
- 자신의 용서를 구하는 명상을 하면서 무엇을 느끼셨나요?
- 자기 자신을 용서하는 명상을 할 때 어떠셨나요?

느낀 점

___

___

___

변화된 점

◆ 용서에 대한 자애명상 힐링 문장

1. 나를 위한 용서입니다.
2. 용기를 내야 용서할 수 있습니다.
3. 용서 뒤에 사랑이 기다리고 있습니다.

◆ 자신에 대한 자애명상 실전 연습

① 지금 자신의 몸과 마음에 집중하고 호흡을 합니다.

② 두 눈을 지그시 감고 마음속에서 따뜻하고 넉넉한 마음이 저절로 흘러나오도록 편안하고 느긋한 태도를 취합니다.

③ "잠시 동안 자신의 이름을 불러서 자신을 느껴봅니다. 내 안의 진정한 사랑이 가득하기를 바랍니다"
"내가 진정으로 건강하기를 바랍니다"
"내가 진정으로 넉넉하기를 바랍니다"
"내가 진정으로 행복하기를 바랍니다"
"내가 진정으로 평화롭기를 바랍니다"
"나의 가슴이 친절과 평화로 가득하기를 바랍니다"
"내가 진정으로 고통과 슬픔에서 벗어나기를 바랍니다"
"내가 진정으로 불안과 두려움에서 벗어나기를 바랍니다"
"당신은 그만한 가치가 있고, 모든 존재 또한 그러합니다"라고 말한다. 위에 구절을 5번 반복하여 읊조리면 가슴속에서 따뜻하고 넉넉한 마음이 일어나 더욱 풍성해질 것입니다.

◆ 자신에 대한 자애명상 메타인지 질문

- 자신에 대한 자애명상을 하면서 무엇을 느끼셨나요?
- 자애명상을 하면서 내 몸의 상태는 어떠했나요?
- 자애명상을 하고 난 후 변화된 점은 무엇인가요?

느낀 점

변화된 점

◈ **자신에 대한 자애명상 힐링 문장**

1. 나를 위한 마음의 공간을 만듭니다.
2. 순간순간 내 마음을 돌보는 것입니다.
3. 세상에서 가장 귀하고 소중한 것은 자신입니다.

◆ 사랑하는 대상에 대한 자애명상 실전 연습

① 지금 자신의 몸과 마음에 집중하고 호흡을 합니다. 잠시동안 눈을 감고 가족이라는 감정을 느껴봅니다. 자신의 마음에 따뜻함이 우러나오면 다음 구절을 반복합니다.

② 사랑하는 가족을 떠올립니다.
"내 가족이 진정한 사랑으로 가득하기를 바랍니다"

③ "내 가족이 진정으로 행복하기를 바랍니다"

④ "내 가족이 진정으로 안전하고 자유롭기를 바랍니다"

⑤ "내 가족이 진정으로 평화롭기를 바랍니다"

⑥ "내 가족이 진정으로 괴로움과 슬픔에서 벗어나기를 바랍니다"

⑦ "내 가족이 진정으로 불안과 두려움에서 벗어나기를 바랍니다"라고 말한다.
5분 정도 계속해서 자애심을 일으켜 나간다.

◆ 사랑하는 대상에 대한 자애명상 메타인지 질문

- 사랑하는 대상에게 자애명상을 하면서 무엇을 느끼셨나요?
- 자애명상을 하면서 내 몸의 상태는 어떠했나요?
- 자애명상을 하고 난 후 변화된 점은 무엇인가요?

느낀 점

변화된 점

◆ **사랑하는 대상에 대한 자애명상 힐링 문장**

1. 진심을 표현하는 것입니다.
2. 느낌과 욕구를 공유하는 것입니다.
3. 믿고 기다려 주는 것입니다.

◆ **한정된 대상에 대한 자애명상 실전 연습**

① "지금 자신의 몸과 마음을 느끼면서 호흡합니다. 자신에게 한정된 대상을 마음속으로 불러봅니다. 눈을 감고 잠시동안 그 사람을 마음으로 느껴봅니다"라고 말한다.

② "자신의 마음이 따뜻하고 넉넉한 자애의 마음이 느껴지면 다음 문구를 읊조립니다"라고 말한다.

② "스승님께서 진정으로 행복이 가득하기를 바랍니다"라고 말한다.

③ "스승님께서 진정으로 안전하고 자유롭기를 바랍니다"라고 말한다.

④ "스승님께서 진정으로 사랑이 가득하기를 바랍니다"라고 말한다.

⑤ "스승님께서 진정으로 평화롭기를 바랍니다"라고 말한다.

⑥ "스승님께서 진정으로 괴로움과 슬픔에서 벗어나기를 바랍니다"라고 말한다.

⑦ "스승님께서 진정으로 불안과 두려움에서 벗어나기를 바랍니다"라고 말한다.

⑧ 문구를 반복하면 내 마음에서 자애심이 일어나 평온해지고 기쁨의 정서 상태가 된다.

◆ **한정된 대상에 대한 자애명상 메타인지 질문**

- 한정된 대상에게 자애명상을 하면서 무엇을 느끼셨나요?
- 자애명상을 하면서 내 몸의 상태는 어떠했나요?
- 자애명상을 하고 난 후 변화된 점은 무엇인가요?

느낀 점

변화된 점

◆ **한정된 대상에 대한 자애명상 힐링 문장**

1. 보고 배울 수 있어 감사합니다.
2. 전할 수 있어 기쁨입니다.
3. 함께 할 수 있어 행복입니다.

◆ 모든 대상에 대한 자애명상 실전 연습

① 눈을 감고 지금 앉아있는 공간에 대해 느껴본다. 어떤 느낌, 어떤 소리, 마음속에 무엇이 떠오르는지, 느껴보고 마음에 집중하고 호흡을 한다. 그리고 나에서 모든 사람들에게로 의식을 확장한다.

② 마음속에 따뜻하고 넉넉한 마음이 흘러나오면 다음 구절을 반복합니다. "모든 사람들이 진정으로 행복하기를 바랍니다"라고 말한다.

③ "모든 사람들이 진정으로 안전하고 자유롭기를 바랍니다"라고 말한다.

④ "모든 사람들이 진정으로 사랑이 가득하기를 바랍니다"라고 말한다.

⑤ "모든 사람들이 진정으로 평화롭기를 바랍니다"라고 말한다.

⑥ "모든 사람들이 진정으로 괴로움과 슬픔에서 벗어나기를 바랍니다"라고 말한다.

⑦ "모든 사람들이 진정으로 불안과 두려움에서 벗어나기를 바랍니다"라고 말한다.

⑧ 자애명상은 자신의 마음속에 모든 대상을 담을 수 있는 따뜻하고 넉넉한 마음의 크기를 키울 수 있게 해준다.

◈ 모든 대상에 대한 자애명상 메타인지 질문

- 모든 대상에게 자애명상을 하면서 무엇을 느끼셨나요?
- 자애명상을 하면서 내 몸의 상태는 어떠했나요?
- 자애명상을 하고 난 후 변화된 점은 무엇인가요?

느낀 점

변화된 점

◈ 모든 대상에 대한 자애명상 힐링 문장

1. 본래의 마음 그릇을 쓰는 것입니다.
2. 평화로운 마음이 배려할 수 있게 합니다.
3. 감사하는 마음이 겸손하게 합니다.

Ⅵ. 두뇌챙김명상

1. 두뇌챙김명상의 개념 및 특징

◆ 개념

두뇌챙김명상은 좌·우뇌의 수평적 통합과 대뇌피질·변연계·뇌간의 수직적 통합을 통해서 최적의 두뇌 균형 상태를 조절하고 유지하는 명상법이다. 이러한 두뇌챙김명상은 두뇌가 가진 잠재 가능성을 최대한 발휘하고 두뇌를 계발함으로써 자기 주도적인 삶을 실현할 수 있다.

◆ 특징

① 좌·우뇌의 수평적 통합을 통해서 두뇌를 계발하고 두뇌의 최적화 상태를 유지할 수 있다.

② 신체, 정서, 인지의 수직적 통합을 통해서 두뇌를 계발하고 두뇌의 최적화 상태를 유지할 수 있다.

③ 두뇌 균형 상태를 조절하고 유지할 수 있는 역량을 향상함으

로써 몸과 마음을 통합하고 치유할 수 있다.

④ 신경가소성의 원리를 통해 두뇌 구조를 변화시키고 두뇌 기능을 향상함으로써 건강한 두뇌 상태를 유지할 수 있다.

⑤ 두뇌 상태를 진단－처방－훈련－평가－피드백 등 체계적이고 과학적으로 관리할 수 있다.

2. 두뇌챙김명상의 방법

◆ 두뇌 감각 느끼기 명상

두뇌 감각 느끼기 명상은 신체 활동으로 두뇌를 활성화하고 몸과 두뇌의 감각을 깨우는 명상법이다. 신체와 두뇌는 하나의 신경으로 이루어져 있다. 즉, 신체 활동으로 몸과 두뇌 감각이 깨어나고, 두뇌의 기능이 향상된다. 특히, 두뇌 감각이 깨어나면 정보처리 속도가 빨라지고, 순간순간 자각되는 신체와 두뇌 감각의 느낌을 알아차리고 집중할 수 있게 된다. 두뇌 감각을 깨우기 위해 뇌체조, 놀이, 호흡 등을 활용한다.

① 손과 팔을 털면서 어깨와 몸의 힘을 뺀다.

② 뇌체조는 동작과 호흡, 의식을 일치시킨다.

③ 뇌체조를 통해 몸의 근육을 이완시키고 기혈 순환을 원활하게 하여, 편안하고 안정된 상태를 만들어 준다.

④ 뇌체조할 때 자세는 양발을 어깨넓이 만큼 벌리고, 발바닥은 11자로 하고 코로 숨을 들이마시고, 입으로 내쉬면서 동작에 의식을 집중한다.

⑤ 늘리기: 양 손가락을 깍지 끼고, 숨을 들이마시고 멈춘 상태에서 팔을 머리 위로 들어 올리고 귀에 붙인다. 나의 손바닥을

위에서 끌어당긴다는 느낌으로 자신의 몸을 끝까지 밀어 준다. 이때, 발바닥, 종아리, 허벅지, 엉덩이, 등에 집중하고 감각을 느껴본다. 숨을 내쉬면서 팔을 천천히 내린다. 다시 손가락을 깍지 끼고 숨을 들이마시면서 천천히 허리를 숙이고 바닥에 엎드린다. 이때, 하체에 집중하면서 내쉬는 호흡을 3회 길게 한다. 몸의 힘을 빼는 것이다. 그리고 천천히 엉덩이 세우고, 허리, 등, 머리를 제일 늦게 세운다.

⑥ 6대 관절 풀기: 목, 어깨, 허리, 고관절, 발목, 손목 순으로 동작과 호흡, 의식에 집중하면서 한다.

⑦ 동작에 집중하면 느낌을 알아차릴 수 있다. 굳어 있는지, 뻐근한지, 동작이 자연스러운지, 그리고 몸의 변화가 어떻게 일어나는지, 자신의 몸 각각을 깨우는 것이다.

⑧ 몸을 손으로 쓸어 내려주고, 숨을 들이마시고 내쉬면서 몸의 집중한다. 자신의 몸의 느낌이 어떤지 느껴본다(따뜻한지, 이완된 느낌인지, 편안한지… 등등).

⑨ 편안한 자세로 등을 곱게 펴고 앉아서 호흡에 집중한다. 숨을 들이마시고 내쉰다. 3회 반복한다.

⑩ 바디스캔 명상을 한다. 몸의 각 부위에 주의를 두어 집중한다. 머리－눈썹－이마－코끝－입술－목－양쪽 어깨－양쪽 팔－팔꿈치－손목－손끝－가슴－아랫배－허벅지－무릎－발목－발가락－자신의 몸 안에 있는 탁한 에너지들이 빠져나간다고 상상한다.

⑪ 빠르게 박수를 10번 치고 손바닥을 뜨겁게 비벼준 후, 손바닥을 오목하게 해서 눈에 에너지를 준다.

⑫ 현재 자신의 몸과 두뇌 감각을 자각하고 어떤 상태인지 느껴본다.

◆ 두뇌 바라보기명상

두뇌 바라보기명상은 좌, 우뇌 유연화 과정을 통해 수평적 통합을 이루어 두뇌 바라보기를 하는 명상법이다. 특히, 우리의 뇌는 일정한 행동 양식과 결부된 부분이 주로 발달되어있다.

또한, 손 유희 체조나 평상시 쓰지 않던 신체 부위를 다른 방향으로 운동할 때, 뇌의 다른 영역도 활성화 되어 좌, 우뇌의 수평적 통합을 이루어 균형을 이루게 된다.

특히, 두뇌 바라보기명상은 전체 뇌의 이완과 휴식을 유도하여 자신의 습관으로 형성된 두뇌의 패턴을 자각하고, 좌, 우뇌의 불균형으로 인해 고정화된 자신의 정보처리 방식을 새롭게 재 구조화할 수 있도록 두뇌의 최적화 상태를 만든다.

① 양쪽 손목을 밖으로 10번, 안쪽으로 10번씩 돌려준다.

② 손가락을 넓게 쫙 펼쳐서 최대한 힘을 주고 10초 버텼다가 이완하고, 다시 주먹을 쥐고 10초 버티고 이완한다. 2회 반복한다.

③ 손에 힘을 빼고 툭툭 털어준다. 손에 가벼움을 느낀다.

④ 좌, 우뇌 손 유희 체조를 한다.

⑤ 엄지－약지: 양쪽 손을 가볍게 주먹 쥐고 오른손 엄지손가락을 펴고, 왼손 새끼손가락을 편다. 이 동작을 반대로 한 번씩 해준다. 퐁당퐁당 노래에 맞추어 천천히 훈련한다. 잘 되면 빠르게 한다.

⑤ 양손 가위, 바위, 보: 양쪽 손을 사용해서 오른손이 이기는 가위, 바위, 보를 한다. 잘되면 왼손이 이기도록 훈련한다.

⑥ 자연스럽게 잘 되는 손이 있고, 내 맘처럼 잘 안되는 손이 있다. 좌뇌는 오른쪽 신체에 관여하고, 우뇌는 왼쪽 신체에 관여한다.

⑦ 좌, 우뇌의 불균형이 인지처리 과정에서 맞다/틀리다, 좋다/싫다, 잘한다/못한다 등으로 뇌 회로가 형성되어 삶의 정보처리 방식으로 선택하게 된다.
⑧ 교차 체조로 몸과 두뇌를 이완하고 활성화한다.
⑨ 두뇌 바라보기명상으로 두뇌의 최적화 상태가 이루어져 삶의 정보처리방식을 객관적인 관점으로 바라볼 수 있게 된다.
⑩ 유연한 상태의 두뇌를 느끼며 행동 양식을 재구조화한다.

◆ 두뇌치유명상

두뇌치유명상은 편도체에 저장된 부정적 감정의 기억을 정화하여 최적의 두뇌 상태를 만들기 위한 자기치유명상법이다.

특히, 두뇌의 수직적 통합을 이루기 위해선 정서를 담당하는 변연계를 최적의 균형 상태로 만들어야 한다. 그러기 위해 편도체의 정화 과정이 필요하다.

한편, 오감을 통해 들어온 정보는 시상을 거쳐서 상위경로와 하위경로로 구분하여 정보를 수용한다. 상위경로는 시상을 통해서 전두엽을 거친 후 편도체로 정보를 수용하는 반면에, 하위경로는 시상을 통해서 직접적으로 편도체에 수용된다. 특히, 하위경로에서 전두엽을 거치지 않고 편도체에 직접적으로 수용하는 이유는 인간의 두뇌가 진화되는 과정에서 생존의 위협이나 위험으로부터 보호하기 위함이다. 이러한 뇌의 정보처리 과정에서 형성된 기억은 같은 상황에서 다시 재생된다. 그것은 문제의 본질을 있는 그대로 받아들이지 못하고, 경험과 기억에 의한 왜곡된 정보처리방식의 뇌 회로가 형성되어 자신을 인정하고 수용하지 못하게 된다. 두뇌치유명상을 통해 심신 치유와 최적의 두뇌 상태로 편도체의 정보처리방식을 새롭게 만들어야 한다.

① 편안한 자세로 앉아 호흡에 집중한다.

② 머리끝 백회를 통해 숨이 들어오고, 눈 옆 태양혈을 통해 뇌의 가스가 빠져나간다고 상상하면서 호흡을 한다.

③ 맑은 숨이 백회로 들어와 뇌를 시원하게 해주고, 뇌의 탁한 가스는 태양혈을 통해 밖으로 빠져나간다고 상상하면서 호흡에 집중하면 뇌가 맑아지고 시원해진다.

④ 이제 가슴에 집중하고 호흡을 한다. 양쪽 가슴 중앙에 있는 인맥 혈을 통해 호흡이 자연스럽게 아랫배로 내려가는지 느끼며 호흡한다.

⑤ 스트레스나 부정적인 감정을 해소하지 못하면 가슴이 답답하게 막혀 호흡이 자연스럽지 못하다.

⑥ 손바닥으로 가슴 중앙 부분, 인맥 혈을 두드려 준다. 가능하다면 아~소리를 내면서 눈을 감고 가슴에 집중하면서 두드린다. 가슴에서 온몸으로 두드리기를 넓혀간다. 온몸의 기혈 순환이 활발해지고 뇌의 활성화 영역이 확대된다.

⑦ 두드리기를 멈추고 천천히 깊게 호흡하는 것에 집중한다. 심박수가 느려지면서 자신의 내면에 주의를 집중할 수 있게 된다.

⑧ 신체 감각과 생각에 주의를 집중한다. 편도체에 저장되어 있던 부정적인 감정들과 불안의 존재를 부정하는 것이 아니라 감정과 불안으로부터 자신을 분리할 때 노출효과를 통한 자기 치유 과정이 일어나게 된다.

⑨ 자신의 경험에 이름 붙이기를 훈련한다. 두뇌치유명상을 통해 최적의 두뇌 상태를 만들어 갈 수 있다.

◆ 두뇌통합명상

두뇌통합명상은 뇌의 각 감각정보를 조직화하고 해석하는 두뇌의 과정을 잘 발달시키기 위해, 신체, 정서, 인지의 수직적 통합으로 최적의 두뇌 상태를 만들기 위한 명상법이다. 본능 및 생명 중추의 기능을 담당하는 뇌간(신체뇌), 감정 인식, 표현, 조절 기능을 담당하는 변연계(정서뇌), 사고력 및 문제해결력 기능을 담당하는 대뇌피질(인지뇌) 등, 세 가지 두뇌 영역이 통합되는 최적의 두뇌 상태가 되었을 경우, 메타인지meta – cognition 능력이 향상되고 이와 더불어 직관력 및 통찰력을 가진 지혜로운 삶을 살 수 있다.

① 신체 활동으로 근육의 이완 반응을 일으켜 긴장과 스트레스를 해소한다.
② 호흡으로 뇌파를 안정 상태로 만들고 에너지 느끼기 명상으로 자신에게 주의를 집중한다.
③ 편안한 몸과 안정된 정서, 긍정적인 인지 사고일 때 자신에 대한 신념과 어떻게 살고자 하는지에 대해 성찰할 수 있게 된다.
④ 신체, 정서, 인지의 수직적 통합을 이루기 위해 몸의 한계를 넘는 훈련을 통해 체험할 수 있다.
⑤ 동적 명상(춤 명상)을 위해 빠르고 강한 피트의 음악을 준비한다. 몸의 힘을 빼고 자연스럽게 움직이면서 몸의 중심인 단전에 집중한다.
⑥ 동작에 집중하다 보면 욕망과 생각에 잡혀 내면의 집중 상태에 이르기가 어렵다. 그냥 한다는 마음가짐으로 욕망과 생각을 내려놓는다.
⑦ 몸동작을 빠르게 움직이는 것도 생각을 내려놓는 방법이다.
⑧ 눈을 감고 음악의 리듬에 몸을 맡긴다. 몸이 자연스러워지고

리듬에 집중하면서 몰입한다.

⑨ 몰입 상태는 감정과 생각에서 벗어난 오로지 춤 행위에 집중하고 있는 자신이 존재하고 있음을 알아차리게 된다.

⑩ 두뇌통합이 이루어지면 0점의 상태가 된다. 이때, 자신의 존재에 대한 신념을 성찰할 수 있게 된다. 자신을 어떤 사람이라고 여겨왔는지, 삶의 목적이 무엇인지, 무엇을 원하는지, 어떤 사람이 되고 싶은지에 대해 깊은 성찰을 할 수 있다.

⑪ 성찰은 멍한 상태일 때 작용하는 기초 상태 네트워크default mode network와 배외측 전전두엽이 명상 시에 서로 연결되어 알아차림이 가능해지는 것이다. 또한, 메타인지 능력 향상으로 직관력과 통찰력을 발휘하게 된다.

⑫ 자아정체성, 자아존중감, 자기효능감 등 자아개념을 새롭게 확립하는 단계이다. 두뇌 영역이 통합되어 최적의 두뇌 상태로 정보처리방식을 재정립하고, 재조직하게 된다.

◈ 두뇌창조명상

두뇌창조명상은 두뇌통합 단계를 거쳐서 확립한 자아개념을 일상생활에서 도전적이고 창조적인 삶을 실천할 수 있도록 목표를 설정하고 구체적인 계획을 수립하는 최적의 두뇌 상태를 만들기 위한 명상법이다.

특히, 일상생활에서 도전적이고 창의적인 삶을 유지하기 위해서는 두뇌 상태의 진단－처방－평가 등 체계적이고 과학적인 과정을 거쳐서 지속적으로 성장할 수 있는 정보처리 시스템System을 만들 필요가 있다.

① 편안히 앉아서 허리를 세우고 호흡을 한다.
② 자신의 현재 상태를 주의 깊게 관찰한다.
③ 몸－마음－두뇌의 상태를 진단－처방－평가를 통해 알아차린다.
④ 호흡을 깊게 들이마시고 내쉬면서 비전명상을 한다.
⑤ 자신이 선택한 목표가 이루어져 기뻐하는 자신의 모습을 상상한다. 일상생활에서 실천하는 방법들을 구체적으로 떠올리고 계획을 세운다.
⑥ 두뇌는 훈련하면 변화한다. 신경가소성은 학습을 통해 뇌의 변화를 일으킨다. 새로운 시냅스 연결의 발달, 장기강화를 통한 연결 강화하기 등 함께 발화한 뉴런이 함께 연결될 수 있도록 집중적이고 반복적인 훈련이 필요하다.
⑦ 정보를 선택하고 훈련을 반복하면 습관이 형성되어 삶의 질이 높아진다. 또한, 두뇌창조 명상을 통해 행동의 변화가 자신의 유전자 발현과 억제를 조절하여 지속적으로 성장할 수 있는 정보처리 시스템을 만들 수 있게 된다.

3. 두뇌챙김명상의 유형

◆ 에너지 느끼기명상

에너지 느끼기명상은 몸이 이완된 상태에서 손에 집중하여 에너지를 느끼는 명상법으로 두뇌의 활성화 영역을 확장시켜 자신을 객관화하여 바라볼 수 있는 상태를 만든다. 몸과 마음은 공명에 의해 연결된다. 즉, 파동이 공명현상을 일으키는 것이다. 모든 만물은 고유한 파동을 가지고 있다. 파동은 원자나 소립자 레벨의 초미약 에너지라 말한다. 각각 고유의 에너지 성향을 가지고 있다. 원자가 모여 분자가 되고 분자가 모여 세포가 되고, 또한 세포가 모여서 인간의 심장이나 간, 근육 등 조직을 만들어 신체를 형성하는 것이다. 인간의 의식이나, 감정이라는 것도 뇌에서 나오는 에너지라고 할 수 있다. 이렇듯 에너지 느끼기명상을 통해 자신의 의식이나 감정 상태를 자신과 분리하여 바라볼 수 있다.

① 손가락을 깍지 끼고 머리 위로 올리고 가슴과 허리를 쭉 펴준다. 허리를 살살 흔들어준다.
② 빠르게 박수 10번을 친다.
③ 손가락의 물방울을 털어내듯이 손을 빠르게 털어준다.
엄지손가락에 집중하고 빠르게 털어준다.
④ 손을 천천히 무릎 위에 올리고 어깨를 툴툴 털어준다.
⑤ 숨을 들이마시고 내쉬면서 호흡으로 마음을 가다듬는다.
⑦ 몸과 마음이 편안해지면 두 손을 가슴 앞으로 가져온다.
⑧ 양 손가락이 달라붙지 않게 띄우고 천천히 손을 넓혔다 좁혔다 해준다.
⑨ 손에 마음을 집중하고 손안의 느낌을 느껴본다. 욕망과 생각이 들어오면 내려놓고 다시 손에 주의를 집중한다.
⑩ 손에 집중하면 무언가 느껴지는 느낌이 존재한다. 사람마다 느껴지는 느낌을 다르다. 따뜻한 느낌, 달라붙는 느낌, 밀어내는 듯한 느낌 등등
⑪ 느낌이 일어나면 느낌을 알아차리고 인정한다.
⑫ 에너지 느끼기명상을 하고 있는 자신이 마음이 어떻게 느껴지는지 알아차린다.
⑬ 손을 천천히 무릎 위에 내려놓고 숨을 들이마시고 내쉰다.

◆ 동적(active)명상

동적명상은 몸을 자유롭게 움직여 긴장되었던 몸과 마음을 깊은 이완 상태로 이끌어 무의식의 상처와 감정들을 노출효과를 통해 자신과 분리하여 바라볼 수 있는 명상법이다.

사물 악기 소리와 파동에 집중하여 내 몸이 움직이는 대로 집중하여 내면으로 깊게 집중할 때, 동작과 소리가 저절로 나오면서 치유되는 효과가 있다. 또한, 빠르고 신나는 음악에 맞춰 춤을 추는 명상은 자신의 습관을 바꾸고 내면의 흥을 깨워 자신의 내면에 있는 기쁨을 만나게 하는 동적명상이다.

① 사물 악기 소리에 맞추어 몸의 리듬을 탄다. 자신의 리듬에 집중하고 사물 악기 소리에 몸을 맡긴다.
② 욕망과 생각이 일어나면 내려놓고 다시 주의를 몸에 집중하고 빠르게 사물 악기 소리의 리듬을 타면서 몸을 움직인다.
③ 몸에 힘이 빠지고 몸의 움직임이 자연스러워진다.
④ 깊은 이완 상태가 되면서 생각이 끊어지고 의식이 점점 더 명료해짐을 알아차린다.
⑤ 빠르고 신나는 음악에 따라 자유스럽게 몸을 움직여 준다.
⑥ 마음의 느낌을 몸으로 표현하면서 자유로움을 느낀다.
⑦ 자신도 모르게 흥이 살아나고 내면의 기쁨이 느껴진다.
⑧ 몸과 마음이 가벼워진다.
⑨ 자리에 편안하게 눕고 머리로 시원한 바람이 들어와 몸을 통해 발가락 끝으로 빠져나감을 느껴본다.
⑩ 지금-여기 자신의 몸에서 무엇이 느껴지는지, 마음에서 어떤 느낌이 일어나는지 알아차린다.

◆ 차크라명상

차크라명상은 차크라 에너지를 활성화하도록 돕는 명상법이다. 차크라 에너지원에 집중하는 집중명상의 하나이며, 각 차크라에 주의를 집중하면 의식과 대상이 하나가 되어 순수한 의식 상태가 되고 마음의 안정과 평안한 상태가 된다. 각 차크라의 해당하는 색깔을 떠올리며 차크라에 의식을 집중하는 색채명상이 있다. 특히, 색채명상은 색 에너지에서 투영되는 빛을 마음속으로 옮겨 와 자신이 원하는 색을 보는 법을 익혀서 명상을 통해 마음속에 그 이미지를 포착하는 것이다. 7가지 컬러는 우리 정서와 상상력을 통해 시각 이미지를 마음으로 형상화함으로써 차크라에 긍정적인 영향을 수 있으며 짧은 시간에도 명상의 효과를 볼 수 있다.

또한, 색채의 파장이 인체의 기능을 증가시켜주고 면역기능 및 치유력을 높여준다.

① 편안한 자세로 앉아서 호흡을 한다.
② 눈을 감고 나의 머리끝 정수리를 통해 밝은 빛이 들어온다고 상상한다. 지혜의 7차크라에 집중하고 호흡할 때, 차크라가 활성화되고 보라색이 밝아짐을 느낀다. 각 차크라에 집중하고 호흡을 한다.
③ 제3의 눈, 직관의 6차크라가 활성화되며 남색의 빛깔이 빛난다.
④ 창조성의 5차크라가 활성화되며 파란색의 빛깔이 빛난다.
⑤ 사랑의 4차크라가 활성화되며 초록색의 빛깔이 빛난다.
⑥ 존엄성의 3차크라가 활성화되며 노란색의 빛깔이 빛난다.
⑦ 열정의 2차크라가 활성화되며 오렌지 빛깔이 빛난다.
⑧ 생명력의 1차크라가 활성화되며 붉은 빛깔이 빛난다.
⑨ 정수리를 통해 들어온 빛이 나의 호흡과 하나되어 차크라를

활성화하고 1차크라를 통해 땅속으로 연결된다고 상상한다.

⑩ 차크라 음악명상을 통해 1차크라의 진동을 느끼고 생존의 본능을 깨우며 2차크라를 통해 7차크라까지 활성화하여 우주와 연결한다.

⑪ 편안하게 누워 이완되는 몸과 마음을 느껴본다.

4. 두뇌챙김명상의 단계

◆ 준비명상

① 뇌체조를 통해 두뇌를 활성화한다.

② 늘리기, 돌리기, 비틀기, 털기를 한다.

③ 동작을 멈추고 몸의 상태를 느껴본다.

◆ 본명상

① 편하게 앉아서 호흡에 집중한다.

② 이제 눈을 감고 이완명상을 한다.

③ 두 손을 가슴 앞에 모으고 에너지 느끼기명상을 한다.

④ 손안에 뭉클거리는 느낌, 따뜻한 느낌, 밀고 당기는 느낌, 저절로 벌어지는 느낌 등을 느낀다.

⑤ 잘 느껴지는 사람은 조금 더 넓게 손을 벌렸다 좁혔다 반복한다. 손을 천천히 내리고 양쪽 무릎 위에 살며시 내려놓는다.

⑥ 눈을 감은 상태에서 자신의 내면에 집중한다.

⑦ 차크라에 집중한다. 차크라 음악명상에 집중하며 각 차크라를 활성화한다. 차크라의 빛이 내 몸 안에서 밝게 빛나고 밖으로 퍼져나가 세상을 밝히는 것을 느껴본다.

⑦ 2차크라의 오렌지빛이 내 몸에서 밖으로 퍼져나가 다른 사람들에게 힘을 주는 것을 느끼고, 4차크라의 노란빛이 내 몸에서 밖으로 밝게 퍼져나가 사랑을 전달하고, 6차크라의 남색이 내 몸에서 밖으로 퍼져 지혜로운 세상이 되어지는 것을 상상하고 나의 몸과 마음을 느껴본다.

◆ 마무리명상

① 나의 두뇌가 최적화 상태가 되어 원하는 목표를 이루는 모습을 바라보고 자신에게 메시지를 준다.
② 숨을 천천히 들이쉬고 입으로 후~하고 내쉰다. (3번)
③ 자기 선언을 하고 나눔을 한다.
④ 하고 난 후 기분이 어떤지 표현한다.

5. 두뇌챙김명상의 효과 및 주의사항

◆ 효과

① 불균형한 두뇌 상태를 균형적 두뇌 상태로 최적화할 수 있다.
② 두뇌의 수평적 통합과 수평적 통합 상태를 유지함으로써 두뇌 활용능력을 향상시킬 수 있다.
③ 두뇌 감각을 깨움으로써 신체, 정서, 인지 상태를 알아차리는 능력을 기를 수 있다.
④ 몸과 마음을 치유할 수 있는 자기관리 역량을 기를 수 있다.
⑤ 두뇌 통합 상태를 통해서 몸과 마음을 치유할 수 있다.
⑥ 두뇌를 창조하는 시냅스 회로를 생성함으로써 자기주도적인 삶을 살 수 있다.

◆ 주의사항

① 두뇌챙김명상을 하기 전에 몸을 먼저 이완하는 것이 좋다.
② 정서를 조절하고 관리하는 마음챙김명상과는 달리, 건강한 두뇌 상태를 관리하는 데 중점을 둔다.
③ 수평적 두뇌 통합을 먼저 실시한 후, 수직적 두뇌 통합을 하면 효과적이다.
④ 두뇌는 고정된 것이 아니라, 변화할 수 있다는 신념과 태도를 가지면 효과적이다.
⑤ 일회성에 그친 두뇌챙김명상을 하는 것이 아니라, 일상생활에서 정기적이고 규칙적으로 실시하면 좋다.

6. 두뇌챙김명상의 실전 연습

◆ 에너지 느끼기명상 실전 연습

① 허리를 펴고 바른 자세로 앉는다.
② 손을 양쪽 무릎 위에 손을 올려놓는다.
③ "어깨의 힘을 빼고 턱을 살짝 앞쪽으로 당기고 배에 힘을 주면 척추가 바르게 펴집니다"라고 말한다.
④ "눈을 살짝 감고 코로 숨을 들이마시고 입을 살짝 벌리고 입으로 내쉽니다"라고 말한다.
⑤ "천천히 양손을 들어 가슴 앞으로 가져옵니다"라고 말한다.
⑥ "몸과 마음의 힘을 빼고 두 손을 옆으로 조금만 벌렸다가 다시 오므립니다. 손에 주의를 집중하고 다시 반복합니다. 손에 집중합니다. 두 손 안에 느껴지는 공간감의 느낌에 집중합니다. 작은 느낌을 인정하면 느끼는 감각이 확대되어 공간감이

더 잘 느껴집니다. 따뜻한 느낌, 물컹한 느낌, 달라붙고, 밀어내는 느낌 등 사람마다 느껴지는 느낌은 다 다르지만 집중하면 자신의 에너지를 느낄 수 있습니다"라고 말한다.

⑦ "자신의 몸에 집중하지 못하고 욕망이나 생각이 주의를 빼앗기면 느낄 수가 없습니다"라고 말한다.

⑧ "두뇌가 활성화 영역이 확대되어 두뇌를 통합할 수 있는 최적의 균형 상태를 만들 수 있게 됩니다"라고 말한다.

⑨ "오로지 에너지 느끼기를 행하고 있는 자신을 알아차린다"라고 말한다.

⑩ "손을 천천히 무릎 위로 내리고 길고 부드러운 호흡으로 마음의 안정과 평안함을 느낍니다"라고 말한다.

⑪ 지금－여기에 앉아있는 자신의 몸과 마음에 상태가 어떤지 알아차린다.

◆ **에너지 느끼기명상 메타인지 질문**

- 에너지를 느끼면서 바디스캔(body－scan)하였을 때 어떠했나요?
- 에너지명상을 하면서 무엇을 느끼셨나요?
- 에너지명상을 하고 난 후 변화된 점은 무엇인가요?

느낀 점

___

___

___

변화된 점

◆ **에너지 느끼기명상 힐링 문장**

1. 몸과 마음을 이완하면 에너지를 느낄 수 있습니다.
2. 에너지를 느끼면 마음이 편안해집니다.
3. 마음이 편안해지면 행복해집니다.

◆ 동적(active)명상 실전 연습

① 다리를 어깨너비만큼 벌리고 서서 자세를 바르게 하고 호흡을 하면서 몸을 느껴본다. 발바닥, 종아리, 허벅지, 엉덩이, 허리, 등, 목 등에 집중하고 쭉 늘려준다.

② "눈을 감고 천천히 사물 악기 소리에 맞추어 몸의 리듬을 탑니다. 자신의 리듬에 집중하고 사물 악기 소리에 몸을 맡깁니다"라고 말한다.

② "눈이 떠지고 욕망과 생각이 일어나면 내려놓고 다시 눈을 감고 주의를 몸에 집중하고 빠르게 사물 악기 소리의 리듬을 타면서 몸을 움직여 줍니다"라고 말한다.

③ "몸에 힘을 빼면 몸의 움직임이 자연스러워지고, 리듬속으로 들어갈 수 있습니다. 두려운 마음을 내려놓고 몸이 움직이는 대로 놓아두면 됩니다. 리듬을 타고 있는 자신을 느껴봅니다"라고 말한다.

④ "자신의 몸의 진동이 느껴지기 시작합니다. 진동속으로 몰입합니다. 진동의 느낌이 점점 더 강해지고 자신의 몸이 없는 것 같고 진동을 체험하고 있는 느낌만이 느껴질 때 '몸은 내가 아니라 내 것이고, 감정은 내가 아니라 내 것'임을 성찰하게 됩니다"라고 말한다.

⑤ "이 순간에 과거의 집착했던 것들과 경험에 의한 상처의 기억들을 자신과 분리하여 놓을 수 있습니다"라고 말한다.

⑥ "상처의 기억들이 자신을 힘들게 한 게 아니라, 자신이 상처를 안고 있었구나!라는 것을 바라보면서 자기치유가 일어납니다"라고 말한다.

⑦ "천천히 몸의 움직임을 멈추고 자신의 몸 안의 떨림을 느껴봅

니다. 온몸의 세포들이 움직이고 있음이 느껴지시는지요? 그동안 알아차리지 못했을 뿐입니다"라고 말한다.

⑧ "천천히 자리에 앉아서 눈을 감고 호흡에 집중하면서 지금-여기 어떤 마음과 일어나는지 느껴보고 자신에게 메시지 힐링을 해 줍니다"라고 말한다.

◆ 동적(active)명상 메타인지 질문

- 동적명상을 하면서 에너지를 느낄 때 어떠했나요?
- 동적명상을 하면서 무엇을 느끼셨나요?
- 동적명상을 하고 난 후 변화된 점은 무엇인가요?

느낀 점

변화된 점

◆ 동적(active)명상 힐링 문장

1. 비울수록 가벼워집니다.
2. 마음을 열면 자유를 느낄 수 있습니다.
3. 비우고 열면 새로움이 싹틉니다.

◆ 차크라명상 실전 연습

① 편안한 자세로 앉아서 호흡에 주의를 집중한다. 들숨과 날숨이 자연스럽게 들어오고 나가는 것을 알아차린다.

② “눈을 감고 머리끝 정수리를 통해 밝은 빛이 들어온다고 상상합니다. 7차크라에 주위를 집중하고 호흡합니다. 밝은 빛이 7차크라를 활성화하여 지혜의 보라색이 밝아짐을 느껴봅니다”라고 말한다.

③ “미간의 6차크라의 집중하면서 호흡을 합니다. 제3의 눈, 직관의 6차크라가 활성화되며 남색의 빛깔이 밝게 빛나는 것을 느껴봅니다”라고 말한다.

④ “목에 5차크라에 집중하면서 호흡을 합니다. 창조성의 5차크라가 활성화되며 파란색의 빛깔이 빛나는 것을 느껴봅니다”라고 말한다.

⑤ “가슴의 4차크라에 집중하면서 호흡을 합니다. 사랑의 4차크라가 활성화되며 초록색의 빛깔이 빛나는 것을 느껴봅니다”라고 말한다.

⑥ “중안의 3차크라에 집중하면서 호흡을 합니다. 존엄성의 3차크라가 활성화되며 노란색의 빛깔이 빛나는 것을 느껴봅니다”라고 말한다.

⑦ “단전의 2차크라에 집중하면서 호흡을 합니다. 열정의 2차크라가 활성화되며 오렌지 빛깔이 빛나는 것을 느껴봅니다”라고 말한다.

⑧ “항문과 회음부에 집중하면서 호흡을 합니다. 생명력의 1차크라가 활성화되며 붉은색의 빛깔이 빛나는 것을 느껴봅니다”라고 말한다.

⑨ "우주의 밝은 빛이 나의 머리로 들어와 호흡과 하나 되어 내 몸의 차크라를 활성화하고 나의 생명력의 차크라를 통해 땅속으로 연결됩니다. 자연과 하나로 이어져 있음을 느껴봅니다" 라고 말한다.

⑩ 편안하게 누워 안정되고 평안한 몸과 마음을 느껴본다.

◆ 차크라명상 메타인지 질문

- 차크라에 주의집중이 잘 되었나요?
- 차크라명상을 하면서 무엇을 느끼셨나요?
- 차크라명상을 하고 난 후 변화된 점은 무엇인가요?

느낀 점

____

____

____

변화된 점

____

____

____

◆ 차크라명상 힐링 문장

1. 내 안에 무엇이 존재하나요?
2. 자연과 하나인 나를 느낄 때, 내가 자연이 됩니다.
3. 세상은 나를 위해 존재합니다.

◆ 두뇌챙김명상 응용 심화

자기조절명상은 어려운 환경속에서 균형적 두뇌 상태를 만들기 위한 마음의 근력을 키우는 명상법이다. 자기조절은 신체조절, 정서조절, 인지조절, 동기조절, 행동조절을 통해 자기개념과 개인적 목표에 합치된 결과를 이루어 내는 심적 및 행동적 과정이라 한다.

◆ 자기조절명상 실전 연습

① "한가지 동작을 취하면서 신체 감각과 자신의 감정 상태를 알아차리고 호흡으로 조절하는 명상입니다"라고 말한다.

② "자신의 몸에 주의를 집중하고 호흡으로 몸을 이완시킵니다"라고 말한다.

③ "다리는 기마자세로 하고 두 팔을 머리 위로 올리고, 손바닥은 하늘을 바라보게 하고 두 손은 닿지 않게 합니다"라고 말한다.

④ "엉덩이가 뒤로 빠지지 않게 하고 꼬리뼈를 안으로 말아넣습니다"라고 말한다.

⑤ "눈을 감고 신체 자각에 집중하고 호흡을 합니다. 신체 자각이 힘들다고 느껴지는 부위에 집중하고 호흡을 합니다. 힘들다고 느껴지는 것은 몸의 힘을 주고 있기 때문입니다. 호흡으로 몸의 힘을 빼는 것입니다"라고 말한다.

⑥ "힘들다고 느껴질 때 어떤 감정이 일어나는지 알아차립니다. '하기 싫다, 못 하겠다. 짜증난다'라는 감정이 일어나는지 느껴봅니다"라고 말한다.

⑦ "부정적인 생각과 감정이 느껴질 때, 자신의 뇌에게 이야기 해줍니다. 나는 할 수 있다. 나는 끝까지 해낼 거야, 자신의 뇌를 믿어주는 겁니다. 아프고 힘든 감정은 뇌가 느끼는 것입니다. 뇌는 비 공존성 원리에 의해 동시에 두 개의 회로가 활성화될 수 없습

니다. 힘들다고 느껴지는 순간 호흡을 하면서 긍정의 메시지를 주거나, 성공해내는 자신의 모습을 상상합니다. 그 순간에 몸이 편안해지고 긍정의 감정으로 변하게 됩니다"라고 말한다.

⑧ "편안한 신체 자각이 느껴지고 마음의 평정심으로 자신을 바라보게 됩니다. 자신을 스스로 믿고 기다려 주는 것입니다. 포기하지 않고 끝까지 해낸 자신에게 어떤 마음이 드는지 알아차립니다"라고 말한다.

◆ 자기조절명상 메타인지 질문

- 자석을 돌릴 때 어떠했나요?
- 자기명상을 하면서 무엇을 느끼셨나요?
- 자기명상을 하고 난 후 변화된 점은 무엇인가요?

느낀 점

변화된 점

◆ 자기조절명상 힐링 문장

1. 견디어 내는 힘을 훈련합니다.
2. 역경을 이겨내는 두뇌의 회로를 재배치합니다.
3. 자기조절은 훈련을 통해 가능해집니다.

제/3/부

마음 에너지를 충전하는 생활명상

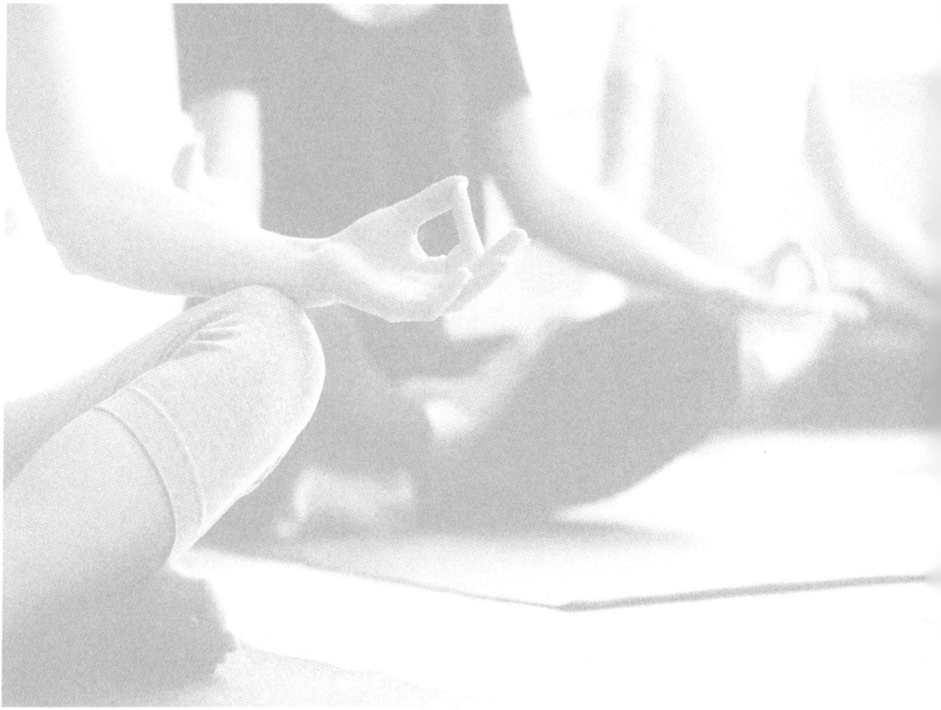

다도란 '차를 마시는 방법, 차를 마실 때의 예의범절, 차 마실 때의 마음가짐'으로 몸과 마음을 수련하여 덕을 쌓는 행위라고 표현하기도 한다. 차를 준비하고 우리면서 나의 손이 다기에 닿는 느낌, 찻물을 따르는 소리, 손이 따뜻한 찻잔에 닿는 느낌, 찻잔을 드는 느낌, 차향이 내 몸에 퍼지는 느낌 등 따뜻한 차를 마실 때 내 마음의 느낌이 어떠한지 알아차리는 것이다.

Ⅰ.
다도명상

1. 차명상

◆ 개념

다도란 '차를 마시는 방법, 차를 마실 때의 예의범절, 차 마실 때의 마음가짐'으로 몸과 마음을 수련하여 덕을 쌓는 행위라고 표현하기도 한다. 차를 준비하고 우리면서 나의 손이 다기에 닿는 느낌, 찻물을 따르는 소리, 손이 따뜻한 찻잔에 닿는 느낌, 찻잔을 드는 느낌, 차향이 내 몸에 퍼지는 느낌 등 따뜻한 차를 마실 때 내 마음의 느낌이 어떠한지 알아차리는 것이다.

차명상은 다도라는 행위를 통해 명상을 실천하는 방법으로 차를 마시는 예절을 경험하면서 자신을 관찰하고 이끌어 가는 것이다. 차를 마시면서 몸과 마음을 이완시키고 이를 통해 자신의 내면을 관찰하고 통찰할 수 있게 된다.

◆ 특징

차명상은 행다 또는 차를 마시며 자각력 및 몇가지 마음의 유익한 기능을 계발하고 활용하여 자신의 생각과 감정을 알아차려 스트레스를 해소하고 심신 안정을 통해 정신건강에 도움이 되는 마음의 상태로 변화되는 것이다.

특히, 차를 고요히 우리는 동안 움직이는 몸의 행위를 살피고 차를 우리는 자세에 깊이 집중하면 사물의 본질을 볼 수 있는 통찰력이 생기고 그때 일어나는 느낌과 감정, 생각을 알아차리게 된다.

◆ 행다법

차를 우려 마시는 모든 일이 행다법이다.

① 차의 품성에 맞춰 차의 맛을 내는 데 주력해야 한다.
② 나와 남을 구분하지 않고 마음을 나누어야 한다.
③ 차와 다구, 물과 불, 손님과 주인이 모두 하나가 되어 자연스러운 만남이 되어야 한다.

◆ 팽다(잎차)법

물 끓이기 – 찻그릇 헹구기 – 숙우에 식히기 – 차를 다관에 넣기 – 숙우에 식힌 물 붓기 – 기다리며 예열 잔 비우기 – 차 따르기 – 차 마시기 – 재탕 우려 마시기 – 마무리

① 몸을 앞뒤, 좌우로 움직여 상체를 반듯하게 세우고 앉는다. 이때 의식과 기운은 아랫배에 모은다. 천천히 호흡으로 마음을 고요하게 가라앉힌다.

② 물이 다 끓으면 그 물로 다기를 헹군다. 이때 어지러운 마음도 함께 정갈해짐을 느낀다.

③ 차를 넣고 차가 우러나올 만큼 알맞게 식힌 뜨거운 물을 붓는다. 따르는 물소리에 나의 무거운 마음이 씻겨 내려간다고 상상한다. 물을 붓자 퍼지는 찻잎의 향기를 음미한다. 찻잎의 향이 내 몸속으로 들어옴을 느낀다. 뚜껑을 덮고 편안한 마음으로 찻물이 우러나오기를 기다린다. 기다리는 동안 어떠한 마음이 일어나는지 알아차린다.

④ 우러난 찻물을 잔에 따른다. 녹차의 고운 빛깔이 내 마음의 빛깔과 닮아있음을 느끼면서 감상한다.

⑤ 잔을 들어 천천히 마신다. 손끝에서 느껴지는 따스함이 나의 온몸으로 퍼져 나의 몸과 마음이 따뜻해짐을 느낀다. 따스한 차가 입안으로 퍼지는 맑은 첫맛과 고소한 뒷맛을 음미한다. 아랫배 단전까지 내려가는 것을 느껴본다. 따뜻한 찻물이 나의 몸으로 들어와 마음의 변화가 일어나는지 알아차린다.

⑥ 차를 한두 번 우려 천천히 마신다.

⑦ 눈을 감고 명상한다. 온몸으로 퍼지는 녹차의 빛깔과 향기, 그 청량한 에너지를 충분히 느낀다.

⑧ 눈을 뜨고 다시 차를 가볍게 우려 마시고 정리를 한다. 차명상을 한 뒤에는 몸이 이완되고 마음이 고요해져 너그러워지는 자신의 상태를 알아차리게 된다.

◆ 차명상 메타인지 질문

- 행다 및 팽다를 하면서 무엇을 느끼셨나요?
- 차를 마시면서 내 몸의 상태는 어떠했나요?
- 차명상을 하고 난 후 변화된 점은 무엇인가요?

느낀 점

변화된 점

◆ 차명상 힐링 문장

1. 물을 따르는 것은 내 마음을 비우는 것입니다.
2. 차를 마시는 것은 맑음을 채우는 것입니다.
3. 내 마음의 향기로 이 자리를 덮는 것입니다.

2. 차훈명상

◆ 개념

차훈명상은 찻잎에 뜨거운 물을 부어 찻물에서 발생하는 열기를 얼굴과 눈, 귀에 쐬어주고 코로 들이마시는 것이다. 이러한 차훈명상을 통해서 기혈순환을 조절하고 호흡과 명상으로 심신 건강을 유지할 수 있다.

◆ 특징

뜨거운 찻물의 열기는 굳어진 근육과 신경을 이완시켜 주고 활짝 열려진 모공으로 차 기운이 들어와 세포 속의 노폐물을 말끔히 씻어준다. 몸의 긴장과 스트레스로 인해 감정조절이 잘 안되서 마음이 힘들 때 차훈명상으로 심리치유의 효과를 얻을 수 있다.

◆ 차훈명상 준비

① 얼굴 크기만한 차훈완을 준비한다.
② 차훈완에 찻잎을 넣고 뜨거운 물을 붓는다.
③ 큰 수건을 펴서 어깨에 두른다.
④ 편안한 의자에 앉아서 차훈완을 가슴 중앙에 놓고 팔꿈치를 책상에 올린 다음 손바닥을 바닥에 놓는다.
⑤ 이 상태에서 차훈완 속의 찻물과 찻잎을 바라보며 차의 색, 냄새, 맛, 소리, 느낌을 느껴본다.
⑥ 몸을 움직여 차훈완을 향해서 서서히 머리를 숙인다.
⑦ 따뜻한 기운을 느끼면서 턱(아랫입술과 턱 중간 부분)을 차훈완 위에 얹는다.

⑧ 팔꿈치로 몸의 무게를 잡고 두 손의 엄지와 검지로 큰 수건을 잡아서 머리 위에 씌운다.
⑨ 두 손바닥으로 차훈완을 살며시 감싼다.
⑩ 따뜻한 기운이 얼굴에 느껴지면 호흡을 통한 몸과 마음에 집중한다.

◆ **차훈명상 1단계**

① 들숨: 따뜻한 물에서 증발되어 올라오는 차향을 코로 깊게 들이마신다.
② 지식: 숨을 멈춘 상태에서 수를 센다(하나, 둘, 셋, 넷, 다섯).
③ 날숨: 다시 코로 숨을 천천히 내쉰다.
④ 호흡을 5~8회 정도 반복한다.

◆ **차훈명상 2단계**

① 들숨: 차훈완에서 올라오는 따뜻한 기운을 코로 들이마시면서 머리, 목, 양쪽팔, 가슴, 배, 다리를 거쳐 아랫배(단전)로 모아진다고 상상한다.
② 지식: 숨을 멈춘 상태에 온몸으로 퍼지는 따뜻한 느낌을 바라보며 나의 몸이 편안하고 안정된 상태를 느껴본다.
③ 날숨: 숨을 내쉬면서 내 몸 안에 있는 탁한 기운이 빠져나간다고 상상한다.
④ 이 과정을 5~8회 반복하고 난 후 몸과 마음의 느낌이 어떤지 느껴본다.

◆ 차훈명상 마무리

① 손바닥을 책상 위에 놓는다.

② 차훈완에서 머리를 떼고 가슴과 얼굴을 들어 올린다.

③ 머리와 등과 허리를 곧게 펴고 호흡을 3번 한다.

④ 손바닥을 뜨겁게 비벼 눈에 에너지를 주고 깍지 낀 두 손을 머리 뒤로 갖다 대고 가슴 펴기를 하면서 호흡을 내쉰다. 3번 반복한다. 그리고 다시 깍지 낀 두 팔을 들어 올려 늘리기를 해준다.

⑤ 손을 편안하게 무릎에 올리고 호흡을 하면서 차훈명상을 하고 난 후 몸과 마음의 변화된 느낌을 느껴본다.

◆ 차훈명상 메타인지 질문

- 차훈명상을 준비하면서 무엇을 느끼셨나요?
- 차훈명상을 하면서 내 몸의 상태는 어떠했나요?
- 차훈명상을 하고 난 후 변화된 점은 무엇인가요?

느낀 점

___

___

___

변화된 점

___

___

___

◈ 차훈명상 힐링 문장

1. 그저 향기로울 뿐입니다.
2. 차훈완의 따뜻함이 내 마음을 닮았습니다.
3. 얼굴이 환해지니 세상이 밝습니다.

3. 음다 행위명상

◆ 개념

음다 행위명상은 찻잔을 들고 차를 마시는 음다 행위에 대한 감각을 관찰하는 명상법이다. 음다 행위명상은 음다를 하는 동안 그 행위에 대한 감각을 느끼면서 욕망과 생각을 비우고 자신의 몸과 마음을 맑히고 정화하는 명상법이다.

◆ 특징

음다 행위명상은 말없이 침묵으로 행하는 동안 욕망과 생각을 내려놓고 오직 음다 행위를 한다는 마음으로 한다. 호흡을 할 때는 호흡 감각을 관찰하고, 음악을 들을 때는 음악을 듣는 행위의 감각을 관찰하듯, 차를 마시기에 집중하면 음다 행위의 감각을 또렷하게 자각할 수 있다. 또한, 음다 행위명상을 할 때는 여유를 두어야 행위에 쫓기지 않고 온전히 행위를 의식적으로 느껴보고 지금 행하고 있는 행위의 느낌을 새롭게 자각할 수 있게 된다.

◆ 음다 행위 집중하기

① 침묵으로 행한다는 마음을 갖는다.
② "편안한 자세로 앉아서 마음의 평정심을 갖도록 호흡을 합니다"라고 말한다.
③ "천천히 다구에 찻잎을 넣고 물을 따르는 행위를 하는 감각에 집중합니다"라고 말한다.
④ "생각과 잡념을 버리고 오직 말없이 행하고 있는 자신의 행위에 집중합니다"라고 말한다.

④ "욕망이나 생각이 계속해서 올라오면 호흡을 하면서 몸을 이완하면 도움이 됩니다"라고 말한다.

⑤ "찻잔을 들어 올리는 팔의 움직임, 찻잔의 따스함이 온몸으로 퍼지는 느낌의 감각 등이 어떻게 느껴지는지 집중합니다"라고 말한다.

⑤ "음다 행위의 감각에 집중하면 행위에 대한 감각이 살아나고 욕망과 생각이 사라져 몸과 마음이 맑아지고 정화가 일어납니다"라고 말한다.

⑥ "즐긴다는 기분으로 할 때 마음이 고요해지고 음다 행위하고 있는 자신을 객관적으로 관찰할 수 있게 됩니다"라고 말한다.

◆ 음다 행위 바라보기

① "음다 행위명상은 시간의 여유를 가지고 할 때, 자신을 객관적으로 바라볼 수 있습니다"라고 말한다.

② "급한 마음으로 음다 행위를 하게 되면, 음다 행위 자체로 끝나게 됩니다. 지금 처음하는 것처럼 관심과 주의를 가지고 행위하고 있는 자신을 바라볼 때 객관적으로 바라볼 수 있습니다"라고 말한다.

③ "차를 우리는 행위를 위해 움직이는 몸을 객관적으로 관찰합니다. 빠르게 움직이는지, 천천히 움직이는지, 부드럽게 움직이는지, 정성이 느껴지는지를 바라보세요"라고 말한다.

④ "음다 행위를 하고있는 자신을 느껴봅니다"라고 말한다.

◆ 자기 마음 알아차리기

① "음다 행위를 통해 자신의 마음을 통찰할 수 있습니다"라고 말한다.

② "행위에는 평상시의 행동과 마음이 깃들어 습관이 형성되어 행위로 나타납니다. 음다 행위명상을 통해 자신을 알아차릴 수 있습니다"라고 말한다.

③ "밥을 먹을 때는 밥 먹는 것에만 집중하고, 음다를 행할 때는 음다 행위에만 집중하는 훈련을 통해 통찰하는 훈련을 할 수 있게 됩니다"라고 말한다.

④ "음다 행위를 하는 자신을 객관적으로 바라보며, 행위를 하는 자신의 상태를 알아차릴 수 있습니다. 빠르게 하는 행위, 거칠게 하는 행위, 부드럽게 하는 행위들이 왜 형성되었는지 통찰할 수 있습니다"라고 말한다.

⑤ "스트레스로 인해 몸이 긴장되거나, 마음이 안정되지 않으면 급하고 거친 행위가 나오고, 몸이 이완되고 편안한 상태일 때는 부드럽고 정성스런 음다 행위를 하게 됩니다. 현재 자신의 행위를 바라보고 현재 자신이 어떤 상태인지, 왜 이런 상태가 되었는지 자신의 마음을 알아차립니다"라고 말한다.

⑥ "자신의 마음을 알아차리고 인정하고 받아들입니다. 그리고 그 감정을 내려놓습니다. 평상시 음다 행위명상으로 자신을 통찰하는 훈련을 통해 자신을 조절할 수 있습니다"라고 말한다.

⑦ "지금 나의 몸과 마음이 어떤지 느껴봅니다"라고 말한다.

◈ 음다 행위 메타인지 질문

- 음다 행위명상을 준비하면서 무엇을 느끼셨나요?
- 음다 행위명상을 하면서 내 몸의 상태는 어떠했나요?
- 음다 행위명상을 하고 난 후 변화된 점은 무엇인가요?

느낀 점

변화된 점

◆ 음다 행위명상 힐링 문장

1. 차를 마시니 어여쁜 내가 보입니다.
2. 차의 맑음이 내 마음 같습니다.
3. 찻잔과 같이 내 마음에 따뜻함을 담고 싶습니다.

Ⅱ.
치유명상

1. 호오포노포노명상

◆ 개념

'자기 심리치유 기법'으로 활용되고 있는 호오포노포노는 자기 자신의 내면의 평화와 치유를 통해 자신의 문제를 해결하고 나아가 이루고자 하는 '목표를 완벽하게 하기'라는 의미가 담겨있다.

사람의 정신적 고통은 과거의 기억과 결부된 감정에서 시작되는 경우들이 많다. 즉, 자신에게 일어나는 모든 문제가 잠재의식 안의 정보에 원인이 있다고 본다. 그것은 과거의 기억 때문이다. 자신의 잠재의식 속 정보를 수정해서 문제를 해결하는 것이다.

◆ 특징

문제를 해결하는 방법으로 '미안합니다, 용서하세요, 감사합니다, 사랑합니다'를 통해 자신을 정화하는 것이다. 네 마디의 문장을 반복적으로 되뇜으로써 개인적인 것부터 사회적인 문제에 이르기까지 자기 자신의 정보를 수정하여 문제해결이 가능해진다. 이 말에 의해 자신의 잠재의식 속에 있는 정보가 정화cleaning되어, 0점의 상태를 회복하는 것이다. 어떠한 정보에도 흔들리는 것이 아닌 '무無'의 상태로 진정한 '나'를 만나게 된다.

호노포노포노의 전제는 나와 내 주위에서 일어나는 모든 문제는 자신의 내면에서 일어나는 것이므로 내가 이 모든 것에 책임이 있다는 것이다. '100% 자신의 책임'이라는 것을 인식하게 되면 그 순간부터 문제의 해결방식이 보이기 시작한다. 우선 그 순간부터 누구도 탓하지 않게 된다. 또한 '100% 자신의 책임'이라는 것은 모든 것을 있는 그대로 받아들여 자신을 정화하게 되면 보이는 현상이 다르게 나타난다.

◆ 방법

우리를 완전한 0점의 상태에 이르게 하는 길은 "미안합니다. 용서하세요, 감사합니다, 사랑합니다" 네 마디 말을 반복하여 정화하는 것이다. 자신에게 모든 책임이 있다고 믿을 때 모든 것이 당신의 선택에 달려 있다는 것을 알게 된다.

특히, 스트레스 상태일 때, 피곤할 때, 몸이 아플 땐 자기 자신에게, 상대방과 다퉜을 때는 상대방에게, 고민될 때는 고민하는 일에, 심지어 사물이 고장 났을 때는 사물에게 이런 메시지를 보내는 것이다. 네 마디 문장을 온몸으로 느끼면서 자신에게, 또는 다른 사람에게든 진심으로 마음을 전달할 때 효과가 일어날 것이다.

◆ 호오포노포노명상 메타인지 질문

- "미안합니다"라고 말하면서 무엇을 느끼셨나요?
- "용서합니다"라고 말하면서 내 몸의 상태는 어떠했나요?
- 호오포노포노명상을 하고 난 후 변화된 점은 무엇인가요?

느낀 점

변화된 점

◆ 호오포노포노명상 힐링 문장

"미안합니다"
"용서하세요"
"감사합니다"
"사랑합니다"

※ 편안한 자세로 한 손은 가슴에 얹고 다른 한 손은 아랫배에 두고 네 마디를 반복하면 몸과 마음의 느낌을 훨씬 더 잘 느낄 수 있다.

2. 자기치유명상

◆ 개념

자기치유명상은 스스로 심리적 상처를 명상을 통해 치유하여 심리적 안정감을 주는 것이다. 바쁜 일상을 살아가다 보면 어느샌가 자신도 모르게 힘든 상황에 부딪히고 부정적인 감정 상태로 자신을 조절하지 못하여 우울감과 무기력함으로 삶의 의욕이 낮아져 생활에 지장을 초래할 수도 있게 된다. 자기치유명상은 자신과의 내면의 대화를 통해 현재 상황을 인식하여 자신을 인정하고 수용하는 방법으로 회피적인 삶의 태도에서 적극적인 삶의 태도로 자신의 삶을 만들어 가는 명상법이다.

◆ 특징

자신의 내면에 집중해서 살아가지 못할 때, 자신이 처한 역할에만 집중하여 외부의식으로 살다 보면 무언가 허전하고 내가 어디로 가고 있는지 모를 때 막막함이 다가온다. 이러한 시기에 자기 자신을 스스로 치유하고 힐링하여 내면에 집중하는 의식으로 살아가게 도와주는 셀프 치유self-healing 명상법으로 "미안합니다, 용서하세요, 감사합니다, 사랑합니다"를 활용하여 자신의 내면과 대화를 통해 성장을 도와주는 명상법이다.

◆ 방법

① 어떠한 장소의 구애를 받지 않고 혼자 있는 장소와 시간이면 된다.

② 자동차 안에서, 집에서, 혹은 나만의 장소를 선택한다.

③ 조용히 눈을 감고 호흡을 하면서 자신의 마음을 느껴본다.

④ 두 손을 가슴에 얹고 마음속으로 자신의 이름을 부르고 어떠한 반응이 일어나는지 느껴본다. 아무런 반응이 없을 수도 있고, 가슴에서 무언가 측은한 느낌이 일어날 수도 있다.

⑤ 마음속으로 또는 작은 소리를 내어 "미안합니다, 미안합니다, 미안합니다. 이렇게 힘들게 나를 만들어 미안합니다, 미안합니다. 미안합니다"라고 한다.

⑥ "용서하세요, 용서하세요, 용서하세요. 나를 돌보지 않고 외롭게 내버려 둔 나를 용서하세요, 용서하세요. 나도 나를 어떻게 돌보아야 하는지 잘 몰랐습니다. 이런 나를 용서해주세요"라고 한다.

⑦ "그래도 지금껏 넘어지지 않고 잘 버티어 와주어 감사하고, 최선을 다해 살아와 준 나에게 감사합니다, 감사합니다, 감사합니다"라고 한다.

⑧ "지금부턴 나를 사랑하겠습니다, 사랑합니다, 사랑합니다. 잘하는 나도 사랑하고, 잘하지 못하는 나도, 있는 그대로의 나를 인정하고 사랑하겠습니다. 사랑합니다. 사랑합니다. 사랑합니다!"라고 한다. 그리고 자신의 마음을 느껴본다.

⑨ 자신의 따뜻한 가슴을 느껴보고, 자기 자신이 어떻게 느껴지는지, 그리고 자신이 어떤 사람이라고 여겨지는지, 자신이 원하는 게 무엇인지 자신의 마음을 바라보면 자각할 수 있다.

⑩ 자신의 몸과 마음 상태를 알아차린다.

◆ 자기치유명상 메타인지 질문

- 자기치유명상을 할 때 어떠했나요?
- 자기치유명상을 하면서 무엇을 느끼셨나요?
- 자기치유명상을 하고 난 후 변화된 점은 무엇인가요?

느낀 점

변화된 점

◆ 자기치유명상 힐링 문장

1. 미안함을 알게 해주어 큰 기쁨이고,
2. 용서를 구하는 용기를 낼 수 있어 행복이고,
3. 사랑할 수 있는 나라서 나는 내가 정말 좋습니다.

3. 자기용서명상

◈ 개념

자기용서명상은 자신을 위하여 용서를 해주고, 용서를 구하고, 자신을 용서하는 명상이다. 자신에 대한 연민과 남에 대한 연민은 상호 의지하고 있다. 자신을 진심으로 사랑하지 않는 사람이 다른 사람을 온전하게 사랑하기란 어려운 것이다. 그것은 조건적인 사랑이거나 사랑을 가장한 기대를 가진 사랑일 수 있다. 사랑은 온전하게 자신의 마음을 전달하는 것이다. 용서하는 마음은 사랑의 다른 형태이다. 용서하는 마음의 그릇을 키우기 위한 자기용서명상법이다.

◈ 특징

타인을 용서해야 자신의 과거를 놓아버리고 새로운 삶을 시작할 수 있다. 나도 고통받지 않으려면 남의 잘못을 용서해야 가능하다. 용서는 무지와 혼돈과 고통으로 인해 자신에게 상처를 준 사람을 당신의 마음에서 몰아내는 것이 아니라, 과거를 놓아 보내고 앞으로는 그것을 뛰어넘어 새롭게 출발해야 함을 아는 것이다. 특히, 용서 명상은 자신을 온전하게 사랑하기 위해 용서를 구하고, 용서를 하는 과정이다.

◈ 방법

① 편안한 자세로 눈을 감고 부드러운 호흡으로 마음을 고요하게 한다.
② 잠시동안 용서라는 감정에 대해 느껴본다.
③ 1단계: 삶을 돌아보고 내가 살아오면서 상대방에서 고통받은 일들을 떠올려 본다.

④ 당신 가슴의 마음 한복판에서 느껴본다. 그리고 마음으로 그 사람에게 전달한다. “나는 과거에 당신이 생각이나, 말이나, 행동으로 내게 고통을 일으킨 그 모든 행동들에 대하여 당신을 용서합니다, 당신을 용서합니다”

⑤ 천천히 그 사람을 당신의 마음에서 내려놓는다.

⑥ 만일, 아픔이 오면 아프게 놔두고 그 사람들에게 당신의 마음을 열고 그저 잠깐 동안 용서의 문을 열고 원한을 내려 놓는다. 또한, 그 사람이 용서받도록 한다.

⑦ 2단계: 마음속에 당신이 용서를 구하고 싶은 사람들을 떠올리고 마음으로 그들에게 용서를 구한다. “나는 생각이나, 말, 행동으로 과거에 당신에게 고통을 일으켰을지도 모를 그 행동들에 대하여 당신의 용서를 구합니다”

⑧ 무력감, 자신에 대한 분노 모두를 내려놓고 마음을 열어 용서를 맞이한다.

⑨ 3단계: 자신을 용서하는 것이다. 자신을 마음속으로 불러내어 자신에게 말한다. 자신을 물리치지 말고, 자신의 이름을 부르며 마음으로 “나는 너를 용서한다” 자기용서의 마음을 열고, 마음속에 자신을 위한 공간을 마련한다. “나는 너를 용서한다”

⑩ 자신을 향한 그 신랄함, 가혹함, 채찍질을 모두 놓아버리고 자애의 불빛이 자신을 향하게 한다. 자기용서 속의 자유를 느끼고, 자신에게 자기용서의 연민을, 애정을 건네주어라. 당신이 이해, 용서, 그리고 평온의 마음 안에서 살아가게 하라. 그리고 우리가 자신을 사랑하기가 얼마나 어려운지 느껴본다.

⑪ 먼저 자신을 용서하고 타인을 용서하는 것이다. 스스로 자신을 용서하지 못하는 사람은 남을 용서하는 게 어렵다. 용서하는 마음을 훈련하는 것이 자기용서명상이다.

◆ 자기용서명상 메타인지 질문

- 자기용서명상을 할 때 어떠했나요?
- 자기용서명상을 하면서 무엇을 느끼셨나요?
- 자기용서명상을 하고 난 후 변화된 점은 무엇인가요?

느낀 점

변화된 점

◆ 자기용서명상 힐링 문장

1. 상대를 보기 전에 자신을 바라봅니다.
2. 상대를 모습에서 자신을 바라봅니다.
3. 자신이 정해놓은 잣대로 상대를 평가하고 있음을 바라봅니다.
4. 자기 자신을 용서하고 사랑할 수 있는 사람은 자신입니다.
5. 있는 그대로의 나를 인정하고 사랑할 때 내면의 힘이 생깁니다.

4. 죽음명상

◆ 개념

죽음명상은 죽음을 두려워할 대상이 아닌 매 순간 삶의 가치를 발견하고 깨어 있는 삶을 살기 위한 명상 방법이다. 또한, 삶의 태도를 바꿀 수 있으며, 해야 할 일을 마치고 미련 없이 모든 것을 다 놓을 수 있을 때 새로운 여행을 기쁘게 맞이할 수 있도록 자신의 본질을 바라보는 기회가 되어주는 죽음명상이다.

◆ 특징

'죽음'이라는 인간의 가장 본질적인 문제를 죽음명상을 통해 삶을 반성하고, 삶을 왜 살아야 하는지, 어떻게 살아야 하는지에 대해 숙고하고, 성숙해지며 지혜로워질 수 있다. 특히, 죽음의 문제를 해결하지 못하면 삶에서, 자유롭지 못하다. 삶에서 진정한 자유와 마음의 평화를 느낄 수 있는 죽음의 명상이 필요하다. 죽음에 대한 명상은 궁극적 치유를 위한 명상이다.

◆ 방법

① 자리에 누워 몸을 편안히 이완시킨다. 숨을 들이마시고 내쉰다.

② 이제 자신이 죽었다고 상상하고 죽어있는 모습을 바라본다.

③ 눈, 코, 입, 촉감… 모든 감각 기관이 하나, 둘 닫히기 시작한다. 어느 순간, 몸을 움직일 수 없게 되고 당신의 육체는 점점 차가워지고 뻣뻣해진다. 영혼이 몸에서 떠나 버렸다고 상상한다.

④ 이제 몸에서 빠져나온 당신의 의식은 편하게 잠들어 있는 몸

을 바라본다. 모든 것을 객관적으로 바라볼 수 있게 된다. 감정, 성격, 얼굴, 푸른빛으로 변하는 몸뚱이 등을 아무런 판단도 하지 말고 그저 무심히 바라본다.

⑤ 오랜 시간이 지나 당신의 몸은 사라지고 흙과 분간할 수 없을 정도로 살은 썩어 없어지고 뼈마저 삭아 바람과 비에 흩어져 가는 것을 바라본다.

⑥ 시신은 자취 없이 사라졌지만, 당신은 여전히 미소를 지으며 평화롭게 모든 것을 바라보고 있다. "어떤 느낌이 일어납니까? 편안함이 느껴지는가요? 두려운가요? 슬퍼서 눈물이 흐르는가요? 아쉬움이 있는가요? 무서움에 몸이 떨리는가요? 그러나 무서워하지도, 슬퍼하지도 마십시오!"라고 한다.

⑦ 당신의 몸이 당신 자신이 아니듯이, 당신의 생각이나 느낌, 감정이나 행위도 당신 자신이 아니다. 이 모든 것이 사라졌지만 당신은 여전히 평화롭게 존재한다. 사라진 그것들이 당신의 실제 모습이 아니었음을 느낄 것이다.

⑧ 당신의 육체가 당신이라고 생각하고, 생각이나 느낌, 감정, 행위가 당신이라고 여기는 것은 집착에서 오는 것이다. 이러한 명상을 통해 삶에 대한 긴장과 두려움, 집착에서 벗어나는 것을 알아차리게 된다.

◆ 죽음명상 메타인지 질문

- 죽음명상을 할 때 어떠했나요?
- 죽음명상을 하면서 무엇을 느끼셨나요?
- 죽음명상을 하고 난 후 변화된 점은 무엇인가요?

느낀 점

변화된 점

◆ **죽음명상 힐링 문장**

1. 지금-여기에 사랑하는 나로 살아갑시다.
2. 어제보다 더 많이 웃는 나로 살아갑시다.
3. 깨어 있는 나를 알아차리며 살아갑시다.

5. 청소명상

◆ 개념

청소명상은 내 안의 묵은 때를 닦아내고 비우는 명상이다. 내가 머무르는 공간에 물건들을 쌓아두면 복잡하고 그 자리에 먼지와 때가 끼게 되어 산만하고 더러운 상태가 된다. 내 마음도 그러하다.

특히, 오랫동안 묵어있던 감정들로 인해 무겁고 어두운 얼굴빛으로 살아가게 한다. 자신의 환경과 마음을 스스로 닦아내고 정리하여 밝고 환한 얼굴로 살아갈 수 있게 해주는 청소명상이다.

◆ 특징

기쁨, 슬픔, 화남, 짜증, 분노, 게으름 등의 감정들이 마음에 쌓이게 되면 스트레스 상태와 감정조절이 어려워져 대인관계에도 좋지 않은 영향을 미치게 된다.

욕심내는 나, 분노하는 나, 어리석은 나, 질투하는 나, 피해의식의 나 등 여러 부정적인 감정이 쌓여 무겁고 부정적인 말과 생각과 행동을 하면서 부정적인 습관이 만들어진다. 청소명상을 통해 외부의 더러움뿐만 아니라 나의 "마음을 닦자"는 문구를 마음속으로 되뇌면서 신나게 닦아낸다.

◆ 방법

① 청소명상에 들어가기 전 자신에 대해 깊이 숙고한다.
② "마음을 닦자!"는 문구를 되뇌면서 자신에게 집중한다.
③ 어떠한 감정들이 쌓여 있는지 알아차린다.
④ 물건들을 하나씩 제자리로 옮기면서 나의 감정들도 하나씩 분리한다.

⑤ 화난 감정은 어디에서 온 것인지 알아차리고 내려놓는다.

⑥ 슬픔, 분노, 미움 등의 감정은 왜 일어나는지 알아차리고 내려놓는다.

⑦ 더러운 곳을 닦고 물건들을 정리하면서 복잡했던 내 마음도 정리되어 단순해지고 가벼워진다.

⑧ 내 마음을 닦고 난 후 기분이 어떤지 자신을 느껴본다.

⑨ 마음이 산란하고 정리가 안 될 때 청소명상을 활용한다.

◆ 청소명상 메타인지 질문

- 마음을 닦으면서 무엇을 느끼셨나요?
- 청소명상을 하면서 내 몸의 상태는 어떠했나요?
- 청소명상을 하고 난 후 변화된 점은 무엇인가요?

느낀 점

____

____

____

변화된 점

____

____

____

◆ 청소명상 힐링 문장

1. 보이지 않으면 막막합니다.
2. 감정이 보이면 현재를 바꿀 수 있습니다.
3. 지금 환경을 바꾸면 새로운 감정을 만날 수 있습니다.

Ⅲ. 셀프힐링명상

1. 사랑명상

◆ 개념

사랑명상은 나 자신과 사랑하는 사람, 그리고 세상의 모든 존재에게 의식적으로 마음을 전하는 명상 방법이다. 또한, 사랑명상은 나의 생각과 감정, 행동이 온 세상에 영향을 미칠 수 있다는 믿음을 전제로 한다. 사랑명상을 하면서 자신의 마음과 주위 모든 사람들의 마음을 연결할 수 있다.

따라서, 사랑명상은 통찰명상을 보완하는 명상 방법이다. 명상을 시작하면서 처음부터 실시해도 좋고, 명상 중에 열린 마음을 확장시키기 위해 명상을 마치면서 실시해도 된다.

◆ 특징

사랑명상을 하면 자신의 마음에 강렬한 사랑이 생겨나 확장되는 것을 느낄 수 있게 된다. 자신의 마음 밭에 사랑을 심고 가꾸면서 마음을 쓰는 훈련으로 마음을 키우는 것이다.

특히, 사랑명상은 먼저 나 자신을 사랑하는 것으로 시작한다. 나를 인정하지 못하거나 받아들이지 못한다면, 다른 사람도 사랑하기 어렵다. 그리고 사랑하는 사람, 세상의 모든 존재에게 사랑하는 마음을 전하며 그들이 행복하고 평화로워지기를 바라는 마음을 전할 수 있다.

◆ 방법

① 편안한 자세로 부드럽게 눈을 감고 호흡을 하면서 몸을 이완시킨다.
② 가슴에 집중하고 가슴으로 호흡을 느낀다. 호흡이 가슴으로 들어오고 나가는 것을 알아차린다.
③ "내 안의 사랑이 가득하기를 바랍니다", "나의 가슴이 친절과 평화로 가득하기를 바랍니다", "당신은 그만한 가치가 있고, 모든 존재 또한 그러합니다", "내 안에 사랑이 가득하기를 바랍니다", "내가 평화롭기를 바랍니다"라고 한다.
④ "당신의 갈등과 슬픔에 연민을 느껴보십시오. 우리에게는 모두 상처와 슬픔이 있습니다", "마음을 열고 사랑과 연민으로 이 슬픔과 만나기를 바랍니다", "당신 자신과 당신 안에 있는 내면 아이를 사랑의 마음으로 안아주고 모든 갈등과 슬픔을 사랑의 마음으로 받아들이기를 바랍니다", "내가 평화롭기를 바랍니다"라고 한다.
⑤ "이제 당신이 사랑하는 사람을 떠올립니다. 그들을 당신의 가슴으로 불러들입니다. 당신의 가슴을 느껴봅니다"라고 한다.
⑥ "그들이 사랑으로 가득하기를 바랍니다", "그들의 마음이 열리고 행복하기를 바랍니다"라고 한다.

⑦ "그들의 슬픔과 상처들을 느끼고 당신이 그들을 얼마나 사랑하는지 느껴보세요", "그들의 마음이 사랑과 평화로 가득하기를 바랍니다"라고 한 후 다른 사랑하는 사람을 떠올리게 한다. "그들이 사랑과 평화로 행복해지고 그들의 마음이 열리기를 바랍니다"라고 한다.

⑧ "가슴을 더 넓게 열고 당신이 사랑하는 모든 사람을 받아들입니다. 그들이 나의 가슴 속으로 들어와서 행복하고 사랑으로 가득하기를 바랍니다"라고 한다.

⑨ "사랑의 마음이 점점 더 넓어져서 이 방에 가득해집니다", "이곳이 사랑의 바다가 되어서 세상의 모든 기쁨과 슬픔을 받아들이고, 수용하고 이해하고, 사랑하여 고통에서 벗어나기를 바랍니다"라고 한다.

⑩ "사랑의 마음이 더 넓어져 온 세상을 가득 채우고 있다고 상상합니다", "세상의 모든 존재가 사랑을 느끼기를 바랍니다", "사랑스런 어린아이, 즐거워하는 사람, 상처받은 사람, 슬픔에 괴로워하는 사람, 아픈 사람, 삶을 포기하려는 사람, 삶과 죽음의 경계에 있는 사람, 모든 존재가 사랑과 연민의 힘으로 마음이 열리고 고통에서 벗어나기를 바랍니다"라고 한다.

⑪ "우리들의 마음의 힘과 사랑으로 세상이 밝고 환해져 우리의 삶과 모든 존재가 자유로워지기를 바랍니다"라고 한다.

⑫ 자신의 마음이 사랑으로 밝고 환해짐을 느껴본다.

◆ 사랑명상 메타인지 질문

- 사랑명상을 하면서 무엇을 느끼셨나요?
- 사랑명상을 하면서 내 몸의 상태는 어떠했나요?
- 사랑명상을 하고 난 후 변화된 점은 무엇인가요?

느낀 점

____

____

____

변화된 점

____

____

____

◆ 사랑명상 힐링 문장

1. 사랑은 온 마음을 전달하는 것입니다.
2. 사랑의 마음은 기적을 일으킵니다.
3. 나는 사랑입니다.

2. 감사명상

◆ 개념

'감사'는 한자어로 '感'이고, 이는 '咸'과 '心'으로 이루어진 말로 '남거나 빠진 것이 없이 모두 마음으로 느끼는 것'을 나타내며 '감동하다', '마음이 움직이다'를 뜻한다. '謝'는 '謝禮'하다의 의미로서 '언행이나 선물 따위로 상대에게 고마운 뜻을 나타내는 것'을 뜻한다. 따라서 언어로 설명한다면 감사는 마음을 겉으로 표현하여 드러내는 것이다.

특히, 감사 성향의 네 가지 측면에 대하여 설명하였다.

첫 번째 측면은 강도intensity다. 감사 성향이 높은 사람은 긍정적 경험을 하게 되면 그렇지 않은 사람보다 더 크게 감사함을 느끼게 되는 것이다.

두 번째 측면은 빈도frequency다. 감사 성향이 높은 사람은 같은 일상에서 더 많은 감사 거리를 찾게 될 것이다.

세 번째 측면은 폭 또는 범위span다. 감사 성향이 높은 사람은 자신의 가족과 일, 자신의 건강과 삶 자체에 감사함을 느낄 것이나 감사 성향이 낮은 사람은 삶의 일부분에서만 감사함을 느낄 것이다.

네 번째 측면은 밀도density다. 동일한 사건에 대해 감사 성향이 높은 사람은 낮은 사람보다 더 많은 사람에게 감사하게 생각할 것이다.

◆ 특징

감사명상의 특징은 다음과 같이 정리할 수 있다.

첫째, 감사명상은 느끼는 마음에서 끝나지 않고, 감사를 느끼는 사람으로 하여금 어떤 행동을 하게 하는 힘을 가지고 있다. 이는 감사의 대상 또는 상황을 인지하고, 고마운 마음을 가지면, 그것에 대해 감사를 표현하는 등의 행동 변화가 나타나기 때문이다.

둘째, 감사명상은 감사의 표현 행동을 일관성 있게 실천하고 친구, 부모, 주변 지인과의 관계에 대해 스스로가 감사하는 마음을 향상함으로써 대인관계를 개선할 수 있다.

◆ 방법

① 평상시 자신에게 가장 고마운 사람을 마음으로 정한다.
② 몸과 마음을 편안히 한다.
③ 호흡 숫자를 세면서 5번을 한다.
④ 고마운 사람에게 미안한 마음과 감사한 마음을 전하는 감사명상을 실시한다.
⑤ 감사명상을 하면서 다른 생각이나 느낌이 떠오르면 알아차리고 다시 원래 고마운 사람에게 감사명상을 실시한다.
⑥ 감사명상을 마치면서 들숨과 날숨을 3번 이상 실시한 후, 원래 감사명상하기 전의 상태로 돌아온다.
⑦ 감사한 마음을 담아서 그림을 그리거나 편지를 쓴다.
⑧ 감사명상하기 전과 후의 생각이나 느낌, 기분을 비교하고 표현한다.

◆ 감사명상 메타인지 질문

- 감사명상을 할 때 어떠했나요?
- 감사명상을 하면서 무엇을 느끼셨나요?
- 감사명상을 하고 난 후 변화된 점은 무엇인가요?

느낀 점

변화된 점

◆ **감사명상 힐링 문장**

1. 감사의 마음은 삶을 풍요롭게 합니다.
2. 감사의 삶은 기쁨을 가져옵니다.
3. 오늘도 감사의 날이라 행복합니다.

3. 싱잉볼(singing bowl)명상

◆ 개념

싱잉볼singing bowl명상은 '노래하는 명상 주발'이라는 뜻을 가진 치유의 도구인 주발을 두드리거나 문질러서 고유의 소리와 소리 진동을 내게 하면 그 소리에 집중하는 명상 방법이다. 약 2,500년 전부터 티벳, 네팔, 인도 등에서 치유의 도구로 사용되어 왔으며, 현재는 힐링명상 도구로 널리 활용된다. 싱잉볼이 가진 고유의 진동은 몸속 깊은 곳까지 전달되어 몸과 마음을 이완하게 한다.

또한, 우리 몸은 거대한 진동체이고 이것은 고유 진동수를 가진다. 진동체인 우리 몸은 동기화라는 원리에 의해 서로 작용을 주고받는다. 싱잉볼이 우리의 몸과 마음에 건강과 안정감을 주는 것은 공명, 동기화되기 때문이다. 즉, 소리는 인체 내부의 장기臟器 등에도 그 진동을 공명하게 한다.

◆ 특징

소리의 인식은 일반적인 청각 기관인 귀로만 이뤄지는 것이 아니다. 귀는 단지 청각을 인지하는 중심 기관일 뿐 실제로 소리는 사람의 온몸으로 듣는 것이다. 소리가 심신 치유력을 나타내는 이유는 인체에 유입되는 건강한 진동수가 세포의 진동을 '발동'시킬 수 있기 때문이다.

특히, 싱잉볼명상은 신체적, 정신적, 영성적 효과가 있다. 신체적으로 근육 이완, 통증 완화, 면역력 증가, 혈액순환 개선의 효과, 정신적으로 긴장·불안·화·우울감 감소, 심신의 안정감 및 활력 증진과 숙면 유도의 효과, 영성적으론 긍정적 자아확립, 내면의 평화, 깊은 명상 상태를 체험하는 효과들이 나타난다.

◈ 방법

① 의자에 앉거나, 가부좌를 틀고 방석 위에 앉는다. 등을 세우고, 가슴은 활짝 펴고, 어깨는 편안하게 하고 턱은 몸쪽으로 당긴다. 눈은 감거나 코끝을 응시한다.

② 싱잉볼을 손바닥에 위에 올려놓고 가슴 앞으로 가져간다.

③ 호흡을 따라 자기 자신에 집중한다. 이제 싱잉볼을 문지르거나 친다.

③ 호흡에 집중하고 감정을 바라본다. 점차적으로 자신의 몸에 집중한다. 들이마시는 숨에 자신이 해결하고 싶은 문제에 집중하거나 부정적인 에너지를 정화하기를 원하는 몸의 부위를 떠올린다.

④ 내쉬는 숨에 자신이 가장 원하던 모든 것들을 내려놓고, 다리 아래로 부정적인 것들이 내려가 발바닥으로 빠져나가 자신의 몸이 정화되는 것을 상상한다. 판단 없이 감정을 느끼고 현재의 순간에 머무른다.

◈ 준비

① 싱잉볼은 문지르거나 두드리는 방법으로 연주할 수 있다.

② 두드리는 방법은 문질러서 소리를 내는 것보다 명확한 톤을 낼 수 있다. 따라서 두드리기는 힐링을 위한 기본 방법으로 사용된다.

③ 바른 자세로 의자나, 방석, 바닥에 편안하게 앉는다. 눈을 편안하게 감고 오른손잡이라면 싱잉볼을 왼쪽 손바닥에 올려놓

고 가슴 앞에 둔다.

④ 싱잉볼의 바닥을 손으로 잡고 심호흡을 하고, 싱잉볼의 연주가 시작되면 오직 호흡에 집중한다.

◆ 문지르기

① 나무나 가죽 커버로 된 스틱을 사용한다.

② 가죽으로 된 스틱은 부드러운 소리를 만들지만, 약간 힘을 더 주어 문질러야 한다.

③ 나무스틱은 높은 음의 소리를 내며, 쉽게 소리를 낼 수 있어 처음 싱잉볼을 연습하기에 아주 좋다.

◆ 치기

① 싱잉볼을 칠 때는 스틱을 잡고 원을 그리면서 스틱을 위쪽으로 향하게 하면서 싱잉볼을 친다(상향).

② 명상으로 활용할 경우: 싱잉볼을 당신의 손위나 쿠션, 바닥 혹은 테이블 위에 올려놓고 살짝 친다. 그리고 스틱을 살짝 윗부분으로 올려 끝을 올려친다. 정묘하고 부드러운 소리 진동을 따라 천천히 숨을 들이마시면서, 당신의 호흡을 따라 소리가 점차 침묵 속으로 사라져 가는 것을 느껴본다. 명상을 시작하기 전에 이렇게 세 번 정도 친다. 명상이 끝났을 때는 가볍게 한번 친다.

③ 힐링으로 활용할 경우: 몸 위에 올려놓고 상용하거나 바닥이나 힐링 테이블 위에 올려놓을 수도 있다. 몸 위에 올려놓을 때는 세 개의 손가락(엄지, 검지, 중지)을 싱잉볼의 안쪽 중앙을 안정적으로 고정시킨다. 바닥이나 테이블 위에 올려놓을 경우,

미끄럼 방지 패드위에 올려놓는다. 30cm 위에서부터 아래로 망치를 내리면서 싱잉볼의 가장자리 부분을 때린다. 때린 후에는 망치를 살짝 위로 올리면서 풍부한 진동음이 퍼지게 한다. 진동이 발생하면 다시 한번 싱잉볼을 부드럽게 친 후에 스틱을 이용해서 천천히 싱잉볼을 문지르면서 힐링의 진동을 증폭시킨다.

◆ 하나의 싱잉볼로 힐링하기

① 싱잉볼은 힐링을 위한 몸의 어느 부위라도 사용할 수 있다.
② 자기 스스로 치유할 수 있으며, 직관을 활용하여 어느 부분에 사용해야 하는지를 선택할 수 있다.
③ 가슴, 배, 태양신경총, 허벅지, 무릎, 종아리 그리고 다른 사람의 등, 어깨, 다리, 발에 놓고 사용할 수 있다.
④ 싱잉볼에 따뜻한 물을 1/4 정도 채워서 사용하면 치유의 진동이 몸속 깊이 침투하여 효과를 더 극대화 시킬 수 있다.

◆ 몸의 앞 부분 치유하기

① 매트나 침대 위에 상대방을 눕게 한 뒤 치유할 곳에 싱잉볼을 올려놓는다.
② 부드럽게 윗부분을 치면서 약 15초 동안 진동이 제대로 퍼지게 한다.
③ 진동이 울려 퍼질 때는 '깊게 숨을 들이마시면서 진동이 몸 안으로 들어온다'고 느끼고, '내쉬는 호흡에 모든 고통이 빠져나간다'고 상상한다.
④ 필요한 만큼 이 과정을 반복한다.

◆ 싱잉볼 힐링명상

싱잉볼 힐링명상은 혈액순환의 균형 상태를 도와주며 몸의 긴장을 해소하여 안정되고 편안하게 해주는 힐링명상 방법이다.

① 매트 위에서 머리는 연주자를 향하게 하고 등을 바닥에 대고 편안하게 눕는다. 담요를 덮는다.

② 호흡을 따라 자신의 몸에 집중한다.

③ 연주자가 싱잉볼을 치면 눈을 감고 온몸으로 진동을 느낀다.

④ 진동이 증폭되면서 나의 머리로 싱잉볼의 진동이 들어오는 것을 느낀다. '머리에서 얼굴로, 목으로, 양쪽 어깨, 양팔, 손끝으로 진동이 빠져나간다'고 상상한다. '가슴, 배, 태양신경총, 허벅지, 무릎, 발가락으로 진동이 빠져나간다'고 상상한다.

⑤ 진동이 빠져나갈 때 '내 몸 안에 있는 탁한 에너지들도 함께 빠져나간다'고 상상한다.

⑥ 진동이 나의 온몸으로 퍼지면서 '건강한 진동수가 세포의 진동을 발동시켜 장기들이 건강해지고 나의 몸이 치유되고 있다'고 상상한다.

⑦ 나의 몸과 마음이 평온함을 알아차린다.

⑧ 몸과 마음이 이완되면 잠이 들 수 있다.

◆ 싱잉볼명상 메타인지 질문

- 싱잉볼 소리를 들을 때 어떠했나요?
- 싱잉볼명상을 하면서 무엇을 느끼셨나요?
- 싱잉볼명상을 하고 난 후 변화된 점은 무엇인가요?

느낀 점

변화된 점

◈ **싱잉볼명상 힐링 문장**

1. 소리에 몸이 깨어남을 느낍니다.
2. 소리와 마음이 공명함을 느낍니다.
3. 치유가 일어나고 있음을 느낍니다.

4. 숙면명상

◆ 개념

숙면명상의 하나인 4.7.8 호흡명상은 대체의학 분야의 앤드류 와일 박사가 소개한 호흡법으로서, 신경 시스템에 작용하는 '자연 유래 신경안정제'로 알려지고 있다. 이러한 4.7.8 호흡명상은 신체의 긴장도를 낮추고 빠르게 잠이 들도록 도와주며, 장소와 시간에 많은 구애를 받지 않고 활용할 수 있는 간단한 명상 방법이다.

◆ 특징

일반적으로 스트레스를 받으면 신경계가 지나치게 자극되어 깊은 숙면에 이르기가 어려워 수면 부족으로 이어질 수 있다. 이러한 경우에 4.7.8 호흡법이 폐에 더욱 많은 산소를 공급해 부교감신경계통의 안정을 도모하여 수면에 도움이 될 수 있다.

또한, 스트레스로 인해 가슴이 답답하고 호흡이 잘 안 되어 감정조절이 어려울 때, 긴장되고 불안할 때도 4.7.8 호흡명상이 안정을 도모하는 데에도 효과적이다.

◆ 준비

① 처음부터 4.7.8 호흡이 무리가 될 수 있으므로 쉬운 방법부터 훈련한다.

② 가슴을 펴고 등을 반듯하게 세운 상태에서 코로 숨을 들이마시고 입으로 후~하고 3회 정도 내쉰다.

③ 잠자리에 편안하게 누워서 할 수도 있다. 몸을 최대한으로 편안하게 하고 반듯하게 누운 상태에서 다리도 벌리고 팔도 심

장 밑으로 편안하게 내린 상태의 자세를 취한다.

※ 하기 전 발끝 부딪히기 100번~300번 정도 하고 난 후 호흡을 실시하면 수면의 질이 높아지는 효과가 있다.

◆ 4.7.8 호흡 훈련

① 코로 숨을 길게 들이쉰다.

② 코로 들이마신 숨을 입을 작게 벌리고 3번에 나누어 내쉰다. 입으로 한번 후~하고 내쉬고 멈추고, 다시 내쉬고 멈추고, 마지막은 끝까지 내쉰다. 3회 정도 반복한다.

③ 이번엔 반대로 코로 숨을 들이쉴 때 3번에 나누어 한 번 들이쉬고 멈추고, 두 번 들이마시고 멈추고, 마지막은 끝까지 길게 들이쉰다.

④ 코로 들이마신 숨을 입을 작게 벌리고 한꺼번에 끝까지 후~하고 내쉰다.

◆ 4.7.8 호흡명상

① 가슴을 펴고 몸을 편안한 상태로 만든 후에 숨을 가볍게 3회 정도 들이마시고 내쉰다.

② 혀끝을 앞니 바로 뒤 입천장에 붙이고 입을 다물고 코를 통해 숨을 4초 동안 들이마신다(마음속으로 숫자를 센다).

③ 들이마신 후 7초 동안 숨을 멈춘다(마음속으로 숫자를 센다).

④ 들이마신 숨을 입을 통해 폐에 들어있는 공기를 끝까지 내뱉는다는 마음으로 8초 동안 길게 숨을 내쉰다(마음속으로 숫자를 센다).

⑤ 4.7.8 호흡명상 ②번~④번까지를 반복해서 5분~10분까지 진행한다.

⑥ 편안하고 자연스러운 호흡을 통해 자신의 몸과 마음의 어떤 변화가 일어났는지 느껴보고 자신과의 대화를 나누고 마무리

한다.

※ 4.7.8 호흡명상을 실시할 때에는 반드시 코로 숨을 들이쉰 뒤, 입을 통해 숨을 끝까지 내쉬는 것이 중요하다.

◆ 숙면명상 메타인지 질문

- 4.7.8 호흡을 할 때 어떠했나요?
- 숙면명상을 하면서 무엇을 느끼셨나요?
- 숙면명상을 하고 난 후 변화된 점은 무엇인가요?

느낀 점

변화된 점

◆ 숙면명상 힐링 문장

1. 수고한 나를 위한 시간입니다.
2. 머리끝에서 발끝까지 쉼을 허락합니다.
3. 내 몸의 장기와 각 부위를 살펴보고 대화합니다.

5. 독서명상

◆ 개념

독서는 글쓴이가 전달하고자 하는 의미를 기호화하여 독자의 뇌에 재생하고자 하는 데 필요한 읽을 자료, 독자의 지식, 그의 생리적 활동의 세 가지 측면에서 상호작용하여 일으키는 과정이다. 이러한 독서는 지식, 정보, 연구조사, 영감, 오락의 자료원으로서 인간 커뮤니케이션 과정에서 그 가치를 발휘하는 논리적, 비판적, 창조적 사고력을 향상시킬 수 있다.

특히, 독서명상은 글이나 문자 판독, 어떻게 읽어야 할까를 준비 과정으로서 '단순 읽기 과정', 읽고 난 후 그 의미와 내용을 생각해 보는 과정인 '생각하기 과정', 내용과 느낌을 다른 사람에게 이야기하는 '이야기하기 과정', 동일한 내용을 읽은 사람끼리 토론하는 '토론하기 과정', 언어적 표현 과정을 통해서 다시 자신의 생각을 정리, 종합하여 완성하는 '글쓰기 과정'을 포함할 수 있다.

◆ 특징

독서명상의 특징은 다음과 같이 정리할 수 있다.

첫째, 독서명상은 책을 소재로 자신과 타인을 이해하고 당면하는 신체적, 정신적인 문제를 인식하고 해결할뿐만 아니라, 정신건강을 예방할 수 있다.

둘째, 독서명상은 책을 읽으면서 현실의 긴장을 풀고 이야기 속의 세계로 빠져들어 자신의 문제에 대한 저항감을 없앰으로써 건전한 인격 형성 및 가치관을 확립할 수 있다.

셋째, 독서명상은 자기의 문제와 책 속의 등장인물이 가진 문제 사이에서 비슷한 점들을 찾도록 도와주고, 등장인물의 동기를 해석하며, 여러 등장인물들 사이의 관계에 대하여 파악할 수 있도록 돕는다.

◆ 방법

① 책의 제목이나 표지를 보면서 책 내용을 미리 예측한다.
② 몸과 마음을 편안히 한다.
③ 호흡 숫자를 세면서 5번을 한다.
④ 책 속에 나오는 등장인물 중에서 가장 마음에 드는 인물을 정한다.
⑤ 내가 만약 등장인물이라면 어떻게 행동하였을지 눈을 감고 상상한다.
⑥ 독서명상을 마치면서 들숨과 날숨을 3번 이상 실시한 후, 원래 독서명상하기 전의 상태로 돌아온다.
⑦ 독서명상하기 전과 후의 생각이나 느낌, 기분을 비교하고 표현한다.

◆ 독서명상 메타인지 질문

- 독서명상을 할 때 어떠했나요?
- 독서명상을 하면서 무엇을 느끼셨나요?
- 독서명상을 하고 난 후 변화된 점은 무엇인가요?

느낀 점

변화된 점

◆ 독서명상 힐링 문장

1. 풍요로운 마음이 됩니다.
2. 많은 감정들을 만나게 됩니다.
3. 자신의 인격과 가치관을 만나게 됩니다.

IV.
춤명상

1. 춤 테라피명상

◈ 개념

인간 자신의 생각과 마음을 몸짓으로 표현하는 춤은 생명의 본성적인 표현이고 자신의 모두를 그대로 드러내는 행위로 자기 삶을 방해하고 억압하는 세계를 춤에 자신의 모든 에너지를 집중하고 움직이면서 자신의 무의식에 갇혀있던 기억을 쏟아내면서 명상 상태에 이르게 된다. 춤 테라피명상은 즉흥적으로 이루어지는데, 즉흥이란 사물에 대한 감성을 즉각적이고 반사적으로 반응하는 창작이다.

또한, 즉흥 춤은 신체를 통하여 자기의 사상과 감정을 표현하고 창의력 발달을 목표로 하는 차원 높은 표현방법으로 특정한 자극과 의식에 대한 감정의 선택이다. 따라서, 춤 테라피명상은 자연스러운 자신의 움직임뿐만 아니라 기존 개인의 경험과 정보를 내러티브하게 표출함으로써 자기화 동기, 자기 수행, 자기 치유력을 향상시키는 명상 방법이다.

◆ 특징

춤 테라피명상은 정화, 감정을 해소시키는 두 가지 요소를 갖고 있다. 정화는 충격적인 기억이 의식의 수면 위로 떠오를 때 감정을 안정시키는 힘을 의미하고, 해소는 정화와 함께 수반되는 감정을 분출시키는 작용을 의미한다.

특히, 춤 테라피 명상의 효과로는 정신과 신체의 균형감 유지, 자신의 마음을 개방할 수 있는 표현성, 능동적으로 몰입할 수 있는 자발성, 긍정적 자아를 찾기 위한 치유적인 효과들이 나타난다.

◆ 몸 감각 깨우기

자신의 몸의 감각이나 느낌에 집중하게 되면, 과거나 미래의 걱정이나 불안, 과거의 기억에 집착하지 않고 지금 여기에 편안하게 머무르거나 존재할 수 있게 된다. 가슴이 시원한지, 답답한지, 무거운지, 떨림이 있는지를 느껴본다.

① 양발을 벌리고 서서 팔과 다리를 툴툴 털어준다.
② 목 이완: 목에 힘을 빼고 목에 집중하여 좌,우로 천천히 돌려준다.
③ 어깨 이완: 양쪽 팔꿈치로 큰 원을 그리며 어깨를 앞, 뒤로 돌려준다.
④ 가슴 이완: 양손을 벌려 호흡을 들이쉬며 가슴과 시선은 하늘을 바라본다. 벌렸던 양손은 배 쪽으로 오므리며 호흡을 내쉰다. 가슴과 시선은 땅을 바라본다.
⑤ 허리 이완: 양손은 허리에 놓고 허리를 좌, 우로 큰 원을 그리듯이 돌려준다.
⑥ 골반 이완: 양손은 허리에 놓고 골반을 오른쪽, 왼쪽, 옆으로

번갈아 밀며 무릎을 굽혀준다.

⑦ 등배 이완: 천천히 상체를 숙이고 호흡을 내쉰다. 올라올 땐 허리를 세우고 머리를 맨 나중에 들어 올리고 허리에 손을 놓고 소리를 내며 머리와 함께 몸통을 뒤로 젖힌다.

⑧ 호흡으로 마무리하고 몸의 느낌에 집중한다.

◆ 몸 알아차리기

몸이 이완되고 감각이 깨어나면 자신의 몸과 마음을 있게 된다. 몸의 감각이 깨어나면 몸의 감각과 마음으로 자유로운 춤을 출 수 있게 된다. 억눌리거나 내면에 감추어 둔 감정이 서서히 드러나고 자신의 몸에서 기억이나 습관에 의해 제한된 동작이나 감정이 반복된다는 것을 알아차리게 된다.

특히, 털기 춤으로 근육의 긴장을 풀어 몸을 이완시켜 준다. 털기 춤은 신체에 쌓인 신체적, 정신적, 심리적 긴장과 스트레스를 제거해 주는 가장 효과적인 춤이다. 털기 춤은 빠르고 리듬이 강한 음악을 사용하면 자신의 몸에 집중과 리듬을 타는 데 훨씬 도움이 된다.

① 다리는 어깨 넓이로 벌리고 선다. 어깨와 팔을 툭툭 털어서 몸의 힘을 빼준다.

② 입을 살짝 벌리고 호흡을 내쉬면서 발바닥을 바닥에 붙이고 무릎을 위, 아래로 툭툭 털면서 몸의 진동을 일으킨다. 무릎, 허리, 가슴, 어깨, 머리, 목으로 올라가면서 털어준다.

③ 팔이 자연스럽게 앞, 뒤, 옆으로 움직이도록 힘을 뺀다.

④ 호흡을 하면서 몸에 집중한다. 몸에 집중하지 못하고 생각에 빠지면 몸의 털기가 자연스럽지 못해 몸의 진동을 느끼지 못한다.

⑤ 눈을 감고 좀 더 빠르고 강하게 털기를 한다. 이때 머리도 자

연스럽게 흔들리게 된다. 이 순간에 몸에서 자율진동이 일어나 내 몸 안에 쌓여 있는 긴장과 스트레스가 제거되고 깨져있는 몸의 밸런스(균형)가 맞춰지게 되는 것이다.

⑥ 생각과 잡념이 사라지고 자신의 몸에 집중하여 자신의 몸과 마음의 느낌을 알아차리게 된다.

⑦ 천천히 털기를 멈추고 숨을 들이마시고 내쉬면서 그 자리에 편안히 눕는다. 머리, 얼굴, 양쪽어깨, 팔, 가슴, 아랫배, 허벅지, 다리, 발바닥 자신의 몸이 편안하고 가벼워짐을 알아차린다.

◆ 몸 표현하기

몸이 깨어나서 내면의 춤을 추면 무의식에 쌓여 있던 기억 즉, 내적으로는 과거의 상처나 슬픔이 드러나고 외적으로는 특정한 동작으로 표현하기도 한다. 즉흥적인 춤 동작을 표현함으로써 내면의 쌓여 있던 감정들이 현재 삶의 패턴과 이어져 있다는 것을 자각하게 되고, 자기 삶을 돌아 볼 수 있는 기회가 된다.

따라서, 몸 표현하기는 자신의 삶을 이해하는 통찰과 인식이 일어나는 과정이다.

① 지금 서 있는 공간 전체를 활용하면서 움직인다.

② 춤 동작은 연결이다. 바디－커넥션body－connection이라고 한다. 내 몸의 중심 단전에서 에너지가 밖으로 뻗어 나가듯이 단전 중심에서 팔과 다리, 머리, 꼬리를 밖으로 펼쳤다가 반드시 내 몸 중심 단전으로 돌아온다.

③ 위, 아래로, 좌, 우로, 대각선으로 자유롭게 나의 몸짓으로 감정을 표출하는 것이다.

④ 즉흥적으로 감정을 선택해서 슬픈 감정은 슬픔의 몸짓으로, 기쁨은 기쁨의 몸짓으로, 분노는 분노의 몸짓으로 표현한다.
⑤ 자유롭게 감정을 표출할 때, 자신의 몸 안에 내재되어 있는 상처와 부정적 정서가 정화되고, 감정이 해소되는 것이다.
⑥ 오로지 자신의 내면에 집중했을 때 자연스럽고 창의적인 춤을 출 수 있게 된다. 춤 동작이 나의 삶과 이어져 있다는 자각이 일어나는 순간, 자신의 삶을 바라보는 통찰과 인식이 일어나게 된다.
⑦ 그 순간에 비로소 감정을 내려놓을 수 있게 된다.
⑧ 천천히 동작을 멈추고 자리에 앉는다. 편안하게 호흡을 가다듬고 몸의 떨림에 집중한다.

◆ 몸 주인되기

자신의 삶을 이해하는 통찰과 수용을 통해 자신에게 일어나는 현상을 있는 그대로 받아들이게 되고 자신과의 관계를 회복하게 된다. 따라서, 자신과의 관계 회복은 자신의 모습을 있는 그대로 인정하고 받아들이는 것이다.

특히, 자기수용과 인정을 통해 자신뿐 아니라 다른 사람도 인정하고 받아들일 수 있게 된다. 몸의 주인되기는 자신의 본래 모습을 회복하여 자신이 원하는 삶 즉, 자기와 타인, 세상에 대한 사랑과 행복을 만들어 가는 것이다.

① 몸의 느낌과 마음의 느낌에 집중한다.
② 감정을 몸짓으로 표현할 때 자각된 것이 무엇인지 알아차린다.
③ 몸 안에 내재되어 있던 상처나 감정들이 정화되고 해소된 지금의 느낌을 알아차린다.
④ 자신이 진정으로 원하는 삶이 무엇인지 통찰하는 시간을 갖는다.

◆ 춤 테라피명상 메타인지 질문

- 몸 알아차리기를 할 때 어떠했나요?
- 춤 테라피명상을 하면서 무엇을 느끼셨나요?
- 춤 테라피명상을 하고 난 후 변화된 점은 무엇인가요?

느낀 점

변화된 점

◆ 춤 테라피명상 힐링 문장

1. 춤 속에서 나를 발견합니다.
2. 무한한 내면으로의 여행길이 됩니다.
3. 나와 사랑에 빠집니다.

2. 자각 및 이완명상

◆ 개념

긴장을 푸는 방법에는 자각과 이완이 있다. 자각 명상은 의식이 완전히 깨어 있는 상태를 만드는 명상 방법이고, 이완명상은 몸과 마음이 완전하게 평화로운 상태를 만드는 명상 방법이다. 자각하기 시작하면 몸과 마음이 천천히 이완되고 있음을 발견하게 된다.

◆ 특징

신체 자각은 신체의 외부와 내부에서 발생하는 자극에 대한 신체 감각을 정확하고 주관적으로 의식하는 것을 의미하는 것으로 춤명상에서의 신체 자각은 매우 중요하다.

특히, 긴장을 내려놓고 이완하게 되면 그 순간 자각이 일어나기도 한다. 그러나 대개 자각한 이후 이완이 이루어지는 것이 더 용이하다. 이완하려는 노력 그 자체가 또 다른 긴장을 일으킬 수 있기 때문이다.

◆ 방법

① 일어나 가만히 서 있는 자세에서 신체에 느껴지는 감각에 집중한다. 호흡, 체온, 맥박, 어깨의 위치, 좌우 골반의 균형, 신체 어느 부분이 긴장되어 있는지 느껴보고 내장의 감각 등을 느껴본다.

② 음악에 따라서 천천히 몸을 움직여보면서 신체 감각을 느껴본다. 정지Stop했을 때의 신체 감각을 느껴보고 어떤 변화가 일어나는지 알아차린다.

③ 앉거나 누운 상태에서 몸을 편안한 상태로 만들고 머리부터 발끝까지 몸의 힘을 빼고 호흡, 체온, 맥박 등 몸과 마음이 이완된 상태를 느껴본다.

④ 긴장과 이완된 상태의 느낌을 자각하고 스스로 조절할 수 있도록 한다.

◆ 자각 및 이완명상 메타인지 질문

- 자각과 이완하였을 때 어떠했나요?
- 자각명상을 하면서 무엇을 느끼셨나요?
- 이완명상을 하고 난 후 변화된 점은 무엇인가요?

느낀 점

____

____

____

변화된 점

____

____

____

◆ 자각 및 이완명상 힐링 문장

1. 몸과 마음을 느낍니다.
2. 깨어 있는 의식을 느낍니다.
3. 나를 관찰할 수 있게 됩니다.

3. 지버리쉬(gibberish)명상

◆ 개념

우리의 마음은 언제나 언어적인 개념으로 생각한다. 지버리쉬gibberish는 '중얼중얼 말하기'란 뜻으로 마음속에 떠오르는 것은 무엇이든 큰 소리로 말한다. 앞뒤가 맞지 않고 의미도 알 수 없는 말을 늘어놓는다. 지버리쉬명상은 이 연속적인 언어화 과정을 파괴하여, 고정적인 사고방식의 억압을 타파하고 신체의 표현적인 움직임을 촉진한다.

◆ 특징

몸에 저장되어 있는 감정을 소리뿐만 아니라 움직임으로 표현한다. 그곳에서 나 자신은 유일은 목격자이다. 완전한 내적 자유와 침묵으로 들어간다. 지버리쉬명상을 하면 현실의 혼란스러운 삶에서 벗어날 수 있다.

◆ 방법

① 혼자서 혹은 여러 사람과 함께 할 수 있다.
② 눈을 감은 채 의미 없는 말을 지껄이기 시작한다.
③ 내면에서 밖으로 표현되기를 원하는 것이 무엇이든 모두 쏟아내버린다. 마음은 항상 낱말을 가지고 생각한다. 지버리쉬는 끊임없이 계속되는 낱말의 패턴을 깨는 역할을 한다.
④ 생각을 억압하지 않고, 모든 것을 그대로 쏟아내버린다.
⑤ 온몸을 이용하여 내면에 쌓인 감정의 쓰레기를 지버리쉬로 쏟아내어 완전한 내적 자유로움을 느낄 수 있도록 한다.

⑥ 그 말이 영어도 아니고 중국어도 아닌 내가 알지 못하는 언어로, 아무런 의미를 담지 않은 소리나 말로 내뱉는다.
⑦ 그대로 자리에 눕거나 바닥에 배를 대고 엎드려 자신의 몸과 마음이 대지의 품속으로 녹아들게 한다.
⑧ 숨을 내쉴 때마다 자신이 대지 속으로 흘러 들어가고 있음을 느낀다. 몸이 이완되어 안정되고 편안한 상태를 알아차린다.
⑨ 내적 자유로움의 풍요로움을 느낀다.

◆ 지버리쉬명상 메타인지 질문

- 중얼중얼 말할 때 어떠했나요?
- 지버리쉬명상을 하면서 무엇을 느끼셨나요?
- 지버리쉬명상을 하고 난 후 변화된 점은 무엇인가요?

느낀 점

변화된 점

◆ 지버리쉬명상 힐링 문장

1. 격식과 형식에서 벗어날 수 있습니다.
2. 생각을 그칠 수 있습니다.
3. 완전한 자유로움을 느낄 수 있습니다.

V. 자연명상

1. 오감명상

◆ 개념

오감은 신체의 시각, 청각, 미각, 후각, 촉각 등 다섯 가지 감각 기관으로서, 모든 정보는 오감을 통해서 입력되기 때문에, 매우 중요한 감각이다. 이러한 오감명상은 보기명상, 듣기명상, 향기명상, 먹기명상, 촉각명상 등과 같이 구분할 수 있다.

◆ 특징

오감명상의 특징은 다음과 같이 정리할 수 있다.

첫째, 인간의 오감은 독립된 대상의 표상으로 오감명상은 각 각의 독립된 영역을 통해서 감각을 느낄 수 있다. 즉, 눈은 시각, 귀는 청각, 혀는 미각, 코는 후각, 피부는 촉각 등 독립된 영역을 통해서 감각을 느낀다.

둘째, 오감명상은 항상 현재 느끼는 오감에 대한 인식을 통해서 알아차리는 연습을 할 수 있다. 지금－여기 현재의 순간에 집중함으로써 외적인 자극을 관찰하고 알아차리는 특징을 가진다.

셋째, 오감명상은 언어적인 판단이나 생각이 포함되지 않은 비언어적인 특징을 포함하기 때문에, 순수한 지각 상태를 쉽게 느낄 수 있다.

넷째, 오감명상은 특별한 명상 준비물이나 도구가 필요 없고 시간이나 공간에 구애 없이 언제, 어디서나 누구든지 쉽게 명상을 할 수 있다.

◆ 보기명상

보기명상은 주변의 사물이나 대상을 바라봄으로써 자신의 몸과 마음을 이완하고 행복감과 평화로움을 느낄 수 있다. 보기명상을 위한 대상은 친구, 부모, 주변 사람 등 사람이나 식물, 동물 등 자연 생태, 사진, 그림 등 주변에 있는 모든 것들이 될 수 있다. 특히, 보기명상할 때 주의할 점은 일상생활에서 본 사물이나 대상과 보기명상을 하면서 본 사물이나 대상의 느낌이 다름을 인지할 수 있어야 한다.

① 주변에서 보고 싶은 사물이나 대상을 마음으로 정한다.
② 몸과 마음을 편안히 한다.
③ 숫자를 세면서 호흡을 5번 한다.
④ 주변 사물이나 대상의 색깔, 모양, 생김새 등을 바라본다.
⑤ 주변 사물이나 대상을 보면서 다른 사물이나 대상이 눈에 들어오면 알아차리고 다시 원래 사물이나 대상을 바라본다.
⑥ 사물이나 대상을 바라보면서 떠오르는 생각이나 느낌에 집중하기보다는 몸과 마음이 편안한 상태를 유지한다.
⑦ 다른 생각이 들지 않도록 하기 위해서 보기명상을 하는 동안

에 숫자를 셀 수도 있다.

⑧ 보기명상을 마치면서 들숨과 날숨을 3번 이상 실시한 후, 원래 보기명상하기 전의 상태로 돌아온다.

⑨ 보기명상하기 전과 후의 생각이나 느낌, 기분을 비교하고 표현한다.

◆ 보기명상 메타인지 질문

- 보기명상을 할 때 어떠했나요?
- 보기명상을 하면서 무엇을 느끼셨나요?
- 보기명상을 하고 난 후 변화된 점은 무엇인가요?

느낀 점

변화된 점

◆ 보기명상 힐링 문장

1. 보이는 대로 볼 수 있습니다.
2. 보는 마음이 아름다워야 아름답게 보입니다.
3. 눈으로 소통할 수 있음에 감사합니다.

◆ 소리명상

소리명상은 주변의 사물이나 대상의 소리를 들음으로써 자신의 몸과 마음을 이완하고 행복감과 평화로움을 느낄 수 있다. 소리명상을 위한 대상은 친구, 부모, 주변 사람 등 사람들의 소리나 공장에서 일하는 소리, 새, 동물, 시냇물 소리, 좋아하는 음악 소리 등 주변에 있는 모든 소리가 될 수 있다.

특히, 소리명상할 때 주의할 점은 일상생활에서 들은 사물이나 대상의 소리와 소리명상을 하면서 들은 사물이나 대상의 느낌이 다름을 인지할 수 있어야 한다.

① 주변에서 듣고 싶은 사물, 대상의 소리를 마음으로 정한다.
② 몸과 마음을 편안히 한다.
③ 숫자를 세면서 호흡을 5번 한다.
④ 주변 사물이나 대상의 다양한 소리 중에서 한 가지를 듣는다.
⑤ 주변 사물이나 대상의 소리를 들으면서 다른 사물이나 대상의 소리가 귀에 들어오면 알아차리고 다시 원래 사물이나 대상의 소리를 듣는다.
⑥ 사물이나 대상의 소리를 들으면서 떠오르는 생각이나 느낌에 집중하기보다는 몸과 마음이 편안한 상태를 유지한다.
⑦ 다른 생각이 들지 않도록 하기 위해서 소리명상을 하는 동안에 숫자를 셀 수도 있다.
⑧ 소리명상을 마치면서 들숨과 날숨을 3번 이상 실시한 후, 원래 소리명상하기 전의 상태로 돌아온다.
⑨ 소리명상하기 전과 후의 생각이나 느낌, 기분을 비교하고 표현한다.

◆ 소리명상 메타인지 질문

- 소리명상을 할 때 어떠했나요?
- 소리명상을 하면서 무엇을 느끼셨나요?
- 소리명상을 하고 난 후 변화된 점은 무엇인가요?

느낀 점

변화된 점

◆ 소리명상 힐링 문장

1. 들리는 대로 들을 수 있습니다.
2. 마음에 따라 나의 소리가 다르게 나갑니다.
3. 오늘 나의 소리는 어떻게 전달되었을까요?

◆ 향기명상

향기명상은 주변의 사물이나 대상의 냄새를 맡음으로써 자신의 몸과 마음을 이완하고 행복감과 평화로움을 느낄 수 있다. 향기명상을 위한 대상은 숲, 식물, 나무, 꽃 등 자연의 냄새나 구수한 빵, 아로마 향기 등 주변에 있는 모든 것들이 될 수 있다.

특히, 향기명상할 때 주의할 점은 일상생활에서 맡은 사물이나 대상과 향기명상을 하면서 맡은 사물이나 대상의 느낌이 다름을 인지할 수 있어야 한다는 것이다.

① 주변에서 냄새를 맡고 싶은 사물이나 대상을 마음으로 정한다.
② 몸과 마음을 편안히 한다.
③ 숫자를 세면서 호흡을 5번 한다.
④ 주변 사물이나 대상에서 맡고 싶은 냄새 한 가지를 정해서 맡는다.
⑤ 주변 사물이나 대상의 냄새를 맡으면서 다른 사물이나 대상의 냄새가 나면 알아차리고 다시 원래 사물이나 대상의 냄새를 맡으려고 한다.
⑥ 사물이나 대상의 냄새를 맡으면서 떠오르는 생각이나 느낌에 집중하기보다는 몸과 마음이 편안한 상태를 유지한다.
⑦ 다른 생각이 들지 않도록 하기 위해서 향기명상을 하는 동안에 숫자를 셀 수도 있다.
⑧ 향기명상을 마치면서 들숨과 날숨을 3번 이상 실시한 후, 원래 보기명상하기 전의 상태로 돌아온다.
⑨ 향기명상하기 전과 후의 생각이나 느낌, 기분을 비교하고 표현한다.

◆ 향기명상 메타인지 질문

- 향기명상을 할 때 어떠했나요?
- 향기명상을 하면서 무엇을 느끼셨나요?
- 향기명상을 하고 난 후 변화된 점은 무엇인가요?

느낀 점

변화된 점

◆ 향기명상 힐링 문장

1. 숲의 향기와 하나되어 내 몸이 숲이 됩니다.
2. 나에게 어떤 향기가 날까요?
3. 후각을 통해 행복감과 평화로움을 느낍니다.

◆ 먹기명상

먹기명상은 주변의 음식이나 간식을 직접 먹음으로써 자신의 몸과 마음을 이완하고 행복감과 평화로움을 느낄 수 있다. 먹기명상을 위한 대상은 밥, 과일, 음료, 과자, 빵 등 주변에서 먹을 수 있는 모든 것들이 될 수 있다.

특히, 먹기명상할 때 주의할 점은 일상생활에서 먹어 본 사물이나 대상과 먹기명상을 하면서 먹은 사물이나 대상의 느낌이 다름을 인지할 수 있어야 한다.

① 주변에서 먹고 싶은 음식이나 간식을 마음으로 정한다.
② 몸과 마음을 편안히 한다.
③ 숫자를 세면서 호흡을 5번 한다.
④ 주변 음식이나 간식 중에서 먹고 싶은 것을 입으로 넣는다.
⑤ 입으로 넣은 음식이나 간식을 빨리 삼키지 말고, 음식물의 맛을 천천히 음미하면서 느낀다.
⑥ 음식이나 간식을 먹으면서 떠오르는 생각이나 느낌에 집중하기보다는 몸과 마음이 편안한 상태를 유지한다.
⑦ 다른 생각이 들지 않도록 하기 위해서 먹기명상을 하는 동안에 숫자를 셀 수도 있다.
⑧ 먹기명상을 마치면서 들숨과 날숨을 3번 이상 실시한 후, 원래 먹기명상하기 전의 상태로 돌아온다.
⑨ 먹기명상하기 전과 후의 생각이나 느낌, 기분을 비교하고 표현한다.

◆ 먹기명상 메타인지 질문

- 먹기명상을 할 때 어떠했나요?
- 먹기명상을 하면서 무엇을 느끼셨나요?
- 먹기명상을 하고 난 후 변화된 점은 무엇인가요?

느낀 점

변화된 점

◆ 먹기명상 힐링 문장

1. 몸과 마음을 이완되고 편안해집니다.
2. 외적 자극을 관찰하면 알아차립니다.
3. 미각을 통해 행복감과 평화로움을 느낍니다.

◆ 촉각명상

촉각명상은 주변의 사물이나 대상과 피부를 통해서 접촉함으로써 자신의 몸과 마음을 이완하고 행복감과 평화로움을 느낄 수 있다. 촉각명상을 위한 대상은 부모, 형제, 자매 등 가족이나 식물, 동물, 등 자연 생태, 인형, 좋아하는 물건 등 주변에 있는 모든 것들이 될 수 있다.

특히, 촉각명상할 때 주의할 점은 일상생활에서 피부로 접촉한 사물이나 대상과 촉각명상을 하면서 피부로 접촉한 사물이나 대상의 느낌이 다름을 인지할 수 있어야 한다.

① 주변에서 피부로 접촉하고 싶은 사물이나 대상을 마음으로 정한다.
② 몸과 마음을 편안히 한다.
③ 숫자를 세면서 호흡을 5번 한다.
④ 주변 사물이나 대상 중 한 가지를 정해 피부로 접촉하면서 촉감을 느낀다.
⑤ 주변 사물이나 대상의 촉감을 느끼면서 다른 생각이나 느낌이 떠오르면 알아차리고 다시 원래 사물이나 대상의 촉감을 느낀다.
⑥ 다른 생각이 들지 않도록 하기 위해서 촉각명상을 하는 동안에 숫자를 셀 수도 있다.
⑦ 촉각명상을 마치면서 들숨과 날숨을 3번 이상 실시한 후, 원래 촉각명상하기 전의 상태로 돌아온다.
⑧ 촉각명상하기 전과 후의 생각이나 느낌, 기분을 비교하고 표현한다.

◆ 촉각명상 메타인지 질문

- 촉각명상을 할 때 어떠했나요?
- 촉각명상을 하면서 무엇을 느끼셨나요?
- 촉각명상을 하고 난 후 변화된 점은 무엇인가요?

느낀 점

변화된 점

◆ 촉각명상 힐링 문장

1. 몸과 마음을 이완되고 편안해집니다.
2. 외적 자극을 관찰하면 알아차립니다.
3. 촉각을 통해 행복감과 평화로움을 느낍니다.

2. 숲명상

◆ 개념

'숲forest'이란 단순히 나무와 풀만을 의미하는 것이 아니라, 거대한 생태계로서 유·무형의 살아 있는 유기체를 말한다.

특히, 숲명상은 숲속을 걷거나 숲 주변의 풍광을 즐기며 동화가 됨으로써 면역력 향상 및 심신의 이완을 가져다주어 건강 증진에 도움을 준다. 또한, 숲명상은 울창한 나무들의 숲, 아름다운 꽃을 피우고 있는 갖가지 꽃들, 다양한 곤충들과 새와 동물들이 내는 소리, 그리고 물소리 등 인간의 오감을 깨워 감성지수EQ를 향상시킨다.

한편, 숲명상의 핵심 구성요소인 숲속에 존재하는 피톤치드, 향기, 아름다운 풍경, 소리, 음이온, 산소, 햇빛, 흙 등을 통해서 심신에 지친 마음을 치유할 수 있다. 이렇게 숲명상의 효과가 큰 이유는 '자연의 비타민'이라고도 불리는 음이온이 뇌파의 알파파를 활성화시켜 편안하고 안정된 상태를 도와주기 때문이다.

◆ 특징

숲명상의 특징은 다음과 같이 정리할 수 있다.

첫째, 숲명상은 자연스럽게 적당량의 햇볕을 받게 해 줌으로 우울증 상태에 있는 사람들에게 세라토닌 분비를 활성화시켜 우울증을 감소시킬 수 있다.

둘째, 숲명상은 자연에 대한 경외감을 느끼게 하고, 정서를 순화시키며 자아 성찰과 남을 배려하고 존중하는 마음을 가질 수 있다.

셋째, 숲명상은 숲에서 나오는 '피톤치드phytocide'를 통해서 장 기능과 심폐기능을 강화시켜 주는 것은 물론, 혈압을 내려주는 작용을 하고, 중추신경계의 흥분을 완화시키는 효과가 있다.

◆ 방법

① 아름다운 숲 전체에서 가장 마음에 드는 풍경을 마음으로 정한다.
② 몸과 마음을 편안히 한다.
③ 숫자를 세면서 호흡을 5번 한다.
④ 주변 숲을 산책하면서 발로 느껴지는 촉감, 귀로 들려오는 자연의 소리, 코로 느껴지는 나무 냄새 등 오감을 느낀다.
⑤ 숲명상을 하면서 다른 생각이나 느낌이 떠오르면 알아차리고 다시 원래 숲 소리, 냄새, 촉감을 느낀다.
⑥ 다른 생각이 들지 않도록 하기 위해서 숲명상을 하는 동안에 숫자를 셀 수도 있다.
⑦ 숲명상을 마치면서 들숨과 날숨을 3번 이상 실시한 후, 원래 숲명상하기 전의 상태로 돌아온다.
⑧ 숲명상하기 전과 후의 생각이나 느낌, 기분을 비교하고 표현한다.

◆ 숲명상 메타인지 질문

- 숲명상을 할 때 어떠했나요?
- 숲명상을 하면서 무엇을 느끼셨나요?
- 숲명상을 하고 난 후 변화된 점은 무엇인가요?

느낀 점

변화된 점

◆ **숲명상 힐링 문장**

1. 몸과 마음을 이완하고 가벼워집니다.
2. 흥분을 완화하고 정서를 순화합니다.
3. 남을 배려하고 존중합니다.

3. 이미지(image)명상

◆ 개념

이미지image명상은 모든 감각을 동원하여 마음속으로 어떤 경험을 떠올리거나 새로 만드는 것으로서, 심상명상, 이미지트레이닝imagey training 등의 용어로도 쓰인다. 이러한 이미지명상은 시각 및 청각적 자극이 없는 신체 동작에서부터 시각, 청각, 감정적 요소 등을 포함한 상상까지 다양한 범위를 포함하고 있다.

특히, 이미지명상은 현실적 혹은 이상적 사상을 마음속으로 영상화하는 것으로 훈련을 통해 학습이 가능하며 스트레스 관리 혹은 정신적 기능의 치료나 향상을 위해 사용된다. 따라서, 이미지명상은 자신의 행동, 느낌, 생각 등 내적인 심리 상태를 조절하기 위한 목적으로 활용된다. 평상시에도 우리는 어떤 것을 꼭 실제로 체험하지 않아도 그 이미지를 생생하게 상상한다거나 냄새, 맛, 소리 등을 떠올릴 수 있다.

◆ 특징

이미지명상의 특징은 다음과 같이 정리할 수 있다.

첫째, 이미지명상은 이미지를 활용하여 부정적 심상에 직접 개입하여 부정적 심상을 수정하는 것은 물론, 지속적 노출치료와 같이 심상을 떠올려 재경험만 하는 것이 아니라 새로운 긍정적 이미지를 만들 수 있다.

둘째, 이미지명상은 정신적, 자기 심상, 생리적 과정, 행동을 변화시켜 질병의 한계에 도전하여 새로운 목적의식을 형성하고 자신의 생활에 긍정적 변화를 가져올 수 있다.

◆ 방법

① 평상시 가장 힘들거나 어려웠던 일을 마음으로 떠올린다.
② 몸과 마음을 편안히 한다.
③ 숫자를 세면서 호흡을 5번 한다.
④ 가장 힘들고 어려웠던 감정, 신체 상태를 부정적인 이미지로 만든다.
⑤ 부정적인 이미지를 바꾸기 위해서 신체적, 정서적, 인지적, 행동적으로 대처하는 긍정적인 이미지를 만든다.
⑥ 이미지명상을 마치면서 들숨과 날숨을 3번 이상 실시한 후, 원래 이미지명상하기 전의 상태로 돌아온다.
⑦ 이미지명상하기 전과 후의 생각이나 느낌, 기분을 비교하고 표현한다.

◆ 이미지명상 메타인지 질문

- 이미지명상을 할 때 어떠했나요?
- 이미지명상을 하면서 무엇을 느끼셨나요?
- 이미지명상을 하고 난 후 변화된 점은 무엇인가요?

느낀 점

____

____

____

변화된 점

____

____

____

◆ 이미지명상 힐링 문장

1. 내적인 심리 상태를 스스로 조절합니다.
2. 새로운 목표를 설정하고 긍정적 변화가 있습니다.
3. 부정적 이미지를 긍정적 이미지로 바꿉니다.

4. 자연교감명상

◆ 개념

자연교감명상은 자연의 세계에서 유아가 자연물을 보고, 듣고, 느끼면서 자신의 내면의 세계와 주변의 세계에 선입견 없이 맑고 깊게 바라보며 교감하는 명상 방법이다. 이러한 자연교감명상은 신체를 이완하고 정서 불안과 우울, 무기력 등과 같은 부정 심리요인들을 감소시키는 등 스트레스를 관리할 수 있다.

◆ 특징

자연교감명상의 특징은 다음과 같이 정리할 수 있다.

첫째, 자연교감명상은 순수하고 맑은 정신과 여유, 인내력을 길러주며 남을 배려하는 마음, 자연 속의 모든 존재와 생명체를 배려하는 마음까지 길러줄 수 있을 뿐만 아니라, 몸과 마음과 정신이 건강할 수 있다.

둘째, 자연교감명상은 신체심리 반응이 주의집중적이고 세심하고 자신을 자각하는 상태를 유지하여 주변세계에 관심을 갖고 세상의 모든 사물들이 상호의존하고 긴밀하게 연관되어 있음을 인식할 수 있게 한다.

셋째, 자연교감명상은 감정을 조절함으로써 불안, 불쾌감 등의 부정인 감정의 에너지를 창조 및 생산 에너지로 바꿀 수 있다.

◆ 방법

① 자연 속에서 볼 수 있는 햇빛, 공기, 구름, 나무, 흙 등 자연물 중에서 마음으로 한 가지를 선정한다.
② 몸과 마음을 편안히 한다.
③ 숫자를 세면서 호흡을 5번 한다.

④ 한 가지 정한 자연물을 감각을 열고 있는 그대로 받아들여 공명한다.

⑤ 내가 만약 자연물이라면 어떻게 행동하였을지 눈을 감고 상상한다.

⑥ 자연교감명상을 마치면서 들숨과 날숨을 3번 이상 실시한 후, 원래 자연명상하기 전의 상태로 돌아온다.

⑦ 자연교감명상하기 전과 후의 생각이나 느낌, 기분을 비교하고 표현한다.

◆ 자연교감명상 메타인지 질문

- 흙, 공기, 나무, 구름, 햇빛을 볼 때 어떠했나요?
- 자연교감명상을 하면서 무엇을 느끼셨나요?
- 자연교감명상을 하고 난 후 변화된 점은 무엇인가요?

느낀 점

변화된 점

◆ 자연교감명상 힐링 문장

1. 몸과 마음을 이완하고 스트레스를 관리합니다.
2. 창조와 생산의 에너지를 느낍니다.
3. 모든 존재와 생명체를 배려하는 마음을 전달합니다.

Ⅵ.
가족명상

1. 태교명상

◈ 개념

태교명상은 임신부와 뱃속의 아기가 언어적 의사소통과 비언어적 의사소통을 통해 서로 교감하고 공감하며 아기가 무엇을 하고 있는지 알아차리는 명상 방법이다.

◈ 특징

임신부는 자신과 아기에 대한 여러 가지 생각들을 많이 가지고 있고 주변 환경과 상황에 매우 민감하게 반응하기 때문에, 마음이 매우 복잡해지기가 쉽다. 따라서, 태교명상을 통해서 심신 이완과 맑고 여유로운 심성을 유지함으로써 내면의 평화와 자아의 가치를 자연스럽게 자각할 수 있다.

◆ 방법

① 임신부는 아기의 얼굴, 팔, 다리 등의 모습을 떠올린다.
② 임신부의 배를 가볍게 스킨십하면서 아기의 웃는 모습을 상상한다.
③ 평화롭고 즐거운 음악을 들려주면서 아기의 팔과 다리 등 전신을 마사지하는 상상을 한다.
④ 임신부와 아기가 대화를 나누면서 서로 교감하고 공감하는 상상을 한다.
⑤ 임신부는 가족의 일원으로서 아기가 소중한 존재임을 깨닫고 알아차린다.

◆ 태교명상 메타인지 질문

- 아기의 모습을 상상할 때 어떠했나요?
- 태교명상을 하면서 무엇을 느끼셨나요?
- 태교명상을 하고 난 후 변화된 점은 무엇인가요?

느낀 점

변화된 점

◆ 태교명상 힐링 문장

1. 아기와 교감하고 공감할 수 있습니다.
2. 임신부와 아기의 심신이 이완되고 여유로워집니다.
3. 인간의 내재적 사랑을 느끼고 가족의 소중함을 느낍니다.

2. 부부명상

◆ 개념

부부명상은 부부가 서로 마주 앉아서 언어적 의사소통과 비언어적 의사소통을 통해 부부 간의 마음 상태를 알아차리면서 서로 교감하고 공감하는 명상 방법이다.

◆ 특징

결혼하면서 배우자에 대한 기대와 요구가 증가하고 그 기대와 요구가 서로 다를 경우 부부 간에 많은 갈등을 초래할 수 있다. 따라서, 부부명상을 통해서 서로의 변화에 대해 이해하고 수용함으로써 더욱 성숙한 관계로 성장할 수 있다.

◆ 방법

① 부부는 서로 마주 앉아 자신의 몸, 마음, 두뇌 상태를 알아차린다.

② 부부는 서로 마주 앉아 배우자의 몸, 마음, 두뇌 상태를 알아차린다.

③ 부부 간에 서로 손을 잡고, 긍정적인 변화를 위해서 성장과 발전을 위한 자신의 변화 각오를 생각한다.

④ 부부 간에 앞으로 성장과 발전할 미래 모습을 떠올리면서 새롭고 긍정적인 부부관계를 상상한다.

⑤ 부부는 가족의 일원으로서 서로가 소중한 존재임을 깨닫고 알아차린다.

◆ 부부명상 메타인지 질문

- 부부의 성장과 발전의 모습을 상상할 때 어떠했나요?
- 부부명상을 하면서 무엇을 느끼셨나요?
- 부부명상을 하고 난 후 변화된 점은 무엇인가요?

느낀 점

___

___

___

변화된 점

___

___

___

◆ 부부명상 힐링 문장

1. 배우자와 교감하고 공감할 수 있습니다.
2. 부부의 심신이 이완되고 여유로워집니다.
3. 인간의 내재적 사랑을 느끼고 가족의 소중함을 느낍니다.

3. 부모명상

◆ 개념

부모명상은 자식과 부모가 서로 마주 앉아서 언어적 의사소통과 비언어적 의사소통을 통해 부모의 마음 상태를 알아차리면서 서로 교감하고 공감하는 명상 방법이다.

◆ 특징

부모는 자녀의 교육과 양육에 많은 에너지를 사용하기 때문에, 항상 자녀 양육에 대한 스트레스가 존재함으로써 부모의 신체적 및 정신적 건강에 많은 문제를 초래할 수 있다. 따라서, 부모명상을 통해서 신체적 및 정신적 스트레스를 해소하는 것은 물론, 일상 생활에서 행복한 상태를 지속적으로 유지할 수 있다.

◆ 방법

① 부모는 자녀와 서로 마주 앉아 자신의 몸, 마음, 두뇌 상태를 알아차린다.
② 부모는 자녀와 서로 마주 앉아 자녀의 몸, 마음, 두뇌 상태를 알아차린다.
③ 부모와 자녀 간에 서로 손을 잡고, 긍정적인 변화를 위해서 성장과 발전을 위한 자신의 변화 각오를 생각한다.
④ 부모와 자녀 간에 앞으로 성장과 발전할 미래 모습을 떠올리면서 새롭고 긍정적인 부모-자녀관계를 상상한다.
⑤ 부모와 자녀는 가족의 일원으로서 서로가 소중한 존재임을 깨닫고 알아차린다.

◆ 부모명상 메타인지 질문

- 부모 - 자녀의 성장과 발전의 모습을 상상할 때 어떠했나요?
- 부모명상을 하면서 무엇을 느끼셨나요?
- 부모명상을 하고 난 후 변화된 점은 무엇인가요?

느낀 점

변화된 점

◆ 부모명상 힐링 문장

1. 부모 - 자녀 간 교감을 하고 공감할 수 있습니다.
2. 부모 - 자녀의 심신이 이완되고 여유로워집니다.
3. 인간의 내재적 사랑을 느끼고 가족의 소중함을 느낍니다.

4. 대화명상

◆ 개념

대화명상은 가족이 모두 모여서 서로 마주 앉아서 언어적 의사소통과 비언어적 의사소통을 통해 가족의 마음 상태를 알아차리면서 서로 교감하고 공감하는 명상 방법이다.

◆ 특징

가족은 사회생활의 가장 작은 기본 단위이기 때문에, 사회 및 국가적인 차원에서 일어날 수 있는 문제를 사전에 예방하기 위해서는 가족 구성원 간의 정기적인 대화가 매우 중요하다. 따라서, 대화명상을 통해서 원활한 가족 간의 대화를 실시함으로써 갈등관계를 해소하는 것은 물론, 일상생활에서 행복하고 건전한 가족 문화를 형성할 수 있다.

◆ 방법

① 가족 간 서로 마주 앉아 자신의 몸, 마음, 두뇌 상태를 알아차린다.
② 가족 간 서로 마주 앉아 가족의 몸, 마음, 두뇌 상태를 알아차린다.
③ 가족 간에 서로 손을 잡고, 긍정적인 변화를 위해서 성장과 발전을 위한 자신의 변화 각오를 생각한다.
④ 가족 간에 앞으로 성장과 발전할 미래 모습을 떠올리면서 행복하고 건전한 가족 문화 조성을 상상한다.
⑤ 가족의 일원으로서 서로가 소중한 존재임을 깨닫고 알아차린다.

◈ 대화명상 메타인지 질문

- 가족 간 서로 성장과 발전의 모습을 상상할 때 어떠했나요?
- 대화명상을 하면서 무엇을 느끼셨나요?
- 대화명상을 하고 난 후 변화된 점은 무엇인가요?

느낀 점

변화된 점

◈ 대화명상 힐링 문장

1. 가족 간에 서로 교감을 하고 공감할 수 있습니다.
2. 가족 전체의 심신이 이완되고 여유로워집니다.
3. 인간의 내재적 사랑을 느끼고 가족의 소중함을 느낍니다.

Ⅶ.
리더명상

1. 성찰명상

◆ 개념

성찰명상은 훌륭한 리더로서 자신을 모니터링monitoring하고 조절control하는 메타인지Meta-Cognition 능력을 향상시키기 위한 명상 방법이다.

◆ 특징

탁월한 리더십을 발휘하기 위해서 자기 스스로 반성하고 성찰하는 역량을 함양할 필요가 있다. 이러한 성찰 능력은 훌륭한 리더로서 반드시 가져야 할 미래 역량이다.

◆ 방법

① 탁월하다고 생각하는 리더들을 떠올린다.
② 그중 가장 탁월한 리더를 떠올려 마주한다.

③ '왜 이 사람이 떠올랐을까?', '이 사람의 탁월성은 무엇인가?' 자신의 마음을 알아차림한다.

④ 생각을 만들어 내지 말고 인내심을 갖고 기다리면서 내면의 자각되는 것을 알아차림한다.

⑤ 눈을 뜨고 탁월성을 적고 성찰한다.

⑥ 나에게 어떤 의미로 다가오는지 알아차림한다.

◆ 성찰명상 메타인지 질문

- 리더로서 성찰할 때 어떠했나요?
- 성찰명상을 하면서 무엇을 느끼셨나요?
- 성찰명상을 하고 난 후 변화된 점은 무엇인가요?

느낀 점

변화된 점

◆ 성찰명상 힐링 문장

1. 자신의 마음 상태를 알아차립니다.
2. 스스로 반성하고 성찰합니다.
3. 몸과 마음을 스스로 관리하고 조절합니다.

2. 현재명상

◆ 개념

현재명상은 지금-여기, 현재에 깨어 있게 하는 명상이다. 훌륭한 리더로서 과거에 얽매이지 않고 미래에 대한 걱정과 불안감을 가지지 않음으로써 현재에 몰입하는 명상 방법이다.

◆ 특징

탁월한 리더가 되기 위해서는 현재에 집중할 수 있도록 항상 깨어 있어야 한다. 즉, 항상 깨어 있어야만 몰입을 통해 문제를 창의적으로 해결할 수 있게 된다.

◆ 방법

① 편안한 자세를 유지하고 호흡에 집중한다.
② 호흡에 집중하고 있는 자신을 알아차린다.
③ 욕구-생각이 일어나면 과감히 내려놓고 다시 호흡에 집중한다.
④ 명료하게 깨어서 집중하고 있는 자신을 알아차린다.
⑤ 다음은 몸에 집중한다. '머리-얼굴-목-팔-손-가슴-아랫배-다리-발' 주의를 신체 부위에 옮겨가면서 집중한다.
⑦ 자신의 몸의 감각에 집중한다.
⑥ 지금-여기에 집중하고 있는 자신을 알아차린다.
⑦ 호흡으로 마무리한다.

◆ 현재명상 메타인지 질문

- 리더로서 지금-여기에 몰입하였을 때 어떠했나요?
- 현재명상을 하면서 무엇을 느끼셨나요?
- 현재명상을 하고 난 후 변화된 점은 무엇인가요?

느낀 점

____

____

____

변화된 점

____

____

____

◆ 현재명상 힐링 문장

1. 현재 마음 상태에 집중하면서 몰입합니다.
2. 마음에 집중할 수 있도록 항상 깨어 있습니다.
3. 몸 감각을 통해서 창의적으로 문제를 해결합니다.

3. 감정명상

◆ 개념

감정명상은 훌륭한 리더로서 자신의 감정을 인식하고, 감정을 표현하고 감정을 조절할 수 있는 역량을 함양할 수 있는 명상 방법이다.

◆ 특징

리더들이 순간의 감정을 조절하지 못해서 어려움을 겪는 경우가 있다. 어떤 감정이 일어났는지 편안하게 받아들이는 감정명상을 통해서 자신의 감정을 살필 필요가 있다.

◆ 방법

① 1주일 동안 나를 힘들게 했던 기억 중에서 당시의 상황을 떠올리고 어떤 감정이 올라오는지 느껴본다.
② 몸에서 일어나는 느낌이 어떤지 감각들을 살펴본다.
③ 일반적으로 감정은 몸으로 나타난다. 몸의 떨림, 심장의 떨림, 호흡의 빨라짐 등 신체 상태를 점검한다.
④ 화가 난 순간에 몸의 변화를 알아차린다.
⑤ 다른 감정을 떠올리고 몸의 감각을 알아차린다.
⑦ 우리는 감정의 변화를 마음보다 몸의 감각이 더 빨리 느낄 수 있다.
⑥ 몸의 감각을 의식해서 변화를 알아차리는 순간 감정을 조절할 수 있게 된다.
⑦ 천천히 호흡으로 마무리한다.

◆ 감정명상 메타인지 질문

- 리더로서, 자신의 감정을 바라볼 때 어떠했나요?
- 감정명상을 하면서 무엇을 느끼셨나요?
- 감정명상을 하고 난 후 변화된 점은 무엇인가요?

느낀 점

____

____

____

변화된 점

____

____

____

◆ 감정명상 힐링 문장

1. 몸과 마음 상태를 점검하고 알아차립니다.
2. 감각을 통해 신체 변화를 느낍니다.
3. 몸과 마음 상태를 스스로 조절합니다.

4. 격려명상

◆ 개념

격려명상은 훌륭한 리더로서 해야 할 일이나 과제를 잘 해결하였을 경우, 자기 자신에게 주는 칭찬이나 격려로서 주는 명상 방법이다.

◆ 특징

겉과 속이 다른 리더의 모습이 있다. 따라서, 훌륭한 리더가 되기 위해서는 먼저 자신에게 관심을 가지고 자기 자신에게 격려와 친절을 베푸는 습관이 중요하다.

◆ 방법

① 현재의 몸과 마음을 바라본다.
② 지금 여기까지 잘 살아온 자신에게 칭찬을 한다.
③ "잘 살아 와줘서 감사합니다. 정말로 감사합니다"라고 한다.
④ "어려운 일들을 잘 극복하고 잘 견디어 왔구나!"라고 한다.
⑤ 자신에 대한 고마운 마음을 느껴본다.
⑥ 이제 미소를 지으며 손을 가슴으로 얹고 따뜻해지는 가슴을 느끼고 잠시 호흡하고 있는 나를 알아차린다.
⑦ "내가 편안하고 안전해지기를, 건강하고 행복해지기를, 내 자신에게 친절해지기를, 마지막으로 자신에게 자애의 마음이 일어나 몸과 마음이 행복하고 평화로워지기를 바랍니다"라고 한다.

◆ 격려명상 메타인지 질문

- 리더로서, 자신에게 칭찬이나 격려할 때 어떠했나요?
- 격려명상을 하면서 무엇을 느끼셨나요?
- 격려명상을 하고 난 후 변화된 점은 무엇인가요?

느낀 점

변화된 점

◆ 격려명상 힐링 문장

1. 자신에게 관심을 가지고 고마운 마음을 전달합니다.
2. 자신에게 격려하고 칭찬을 합니다.
3. 자신에게 친절을 베푸는 습관을 가집니다.

5. 공감명상

◆ 개념

공감명상은 훌륭한 리더로서 갖추어야 할 인지적 공감뿐만 아니라, 정서적 공감, 소통적 공감, 사회적 공감 등을 종합적이고 체계적으로 함양할 수 있는 명상 방법이다.

◆ 특징

조직의 성과 및 목표를 극대화하기 위해서는 무엇보다도 리더와 구성원들 간 소통 및 상호작용하는 등 초연결성이 확보되어야 한다.

◆ 방법

① 구성원들을 한 사람씩 떠올린다.
② 가장 먼저 공감하는 사람을 떠올린다.
③ 정서적으로 공감하는 모습을 상상한다.
④ 인지적으로 공감하는 모습을 상상한다.
⑤ 소통적으로 공감하는 모습을 상상한다.
⑥ 사회적으로 공감하는 모습을 상상한다.
⑦ 상대방의 표정이 어떤지 상상한다.
⑧ 상대방과 직접 연결되는 느낌이 있는지 상상한다.
⑨ 잠시 열린 마음으로 공감을 느껴본다.
⑩ 두 번째 사람을 떠올리고, ③번부터 ⑨번까지 반복한다.

◆ 공감명상 메타인지 질문

- 상대방을 공감할 때 어떠했나요?
- 공감명상을 하면서 무엇을 느끼셨나요?
- 공감명상을 하고 난 후 변화된 점은 무엇인가요?

느낀 점

변화된 점

◆ 공감명상 힐링 문장

1. 정서적 공감을 하면 마음이 따뜻해집니다.
2. 소통적 공감을 하면 평화롭고 즐거워집니다.
3. 사회적 공감을 하면 행복해집니다.

참고문헌

경은정(2018). '자애명상'이 청소년 마음챙김과 관계변화에 미치는 영향 연구. 석사학위논문. 동방문화대학원대학교.

권수련(2018). 알아차림 명상. 도서출판 밥북.

김대식, 최창욱(2001). 뇌파검사학. 고려의학.

김완석(2016). 과학명상. 커뮤니케이션북스.

김완석, 박도현, 신강현(2015). 자기연민과 타인연민, 마음챙김, 그리고 삶의 질: 대안적 인과모형 비교. 한국심리학회지: 건강, 20(3), 605－621.

김완석, 신강현, 김경일(2014). 경험논문: 자비명상과 마음챙김명상의 효과 비교: 공통점과 차이점. 한국심리학회지: 건강, 19(2), 509－535.

김윤탁(2018). 명상이 쉬워요. 티움.

김정호(1994). 인지과학과 명상. 인지과학, 4(2), 53－84.

김정호(1995). 마음챙김명상의 소집단 수행에 관한 연구. 덕성여대 학생생활연구, 11, 1－35.

김정호(2011). 마음챙김명상 멘토링. 불광출판사.

김정호(2018). 명상과 마음챙김의 이해. 한국명상학회지, 8(1), 1－22.

김정호, 김선주(2002). 스트레스의 이해와 관리. 시그마프레스.

김정호, 김완석(2013). 스트레스 과학－기초에서 임상 적용까지. 대한스트레스학회.

김혜옥(2016). 불교명상과 천주교 관상기도 경험에 관한 현상학적 비교 연구. 박사학위논문. 서울불교대학원대학교.

박만상, 윤종수(1999). 뇌파학개론. 고려의학.

박미영(2008). 요가 프로그램이 성인 여성의 불안과 정신건강에 미치는 영향. 석사학위논문. 서울불교대학원대학교.

박　석(2006). 명상의 이해. 스트레스硏究, 14(4), 247－257.

박은숙(2015). 마사지의 명상적 요소에 관한 연구. 석사학위논문. 명지대학교 산업대학원.
박은희(2003). 명상수련이 무용수에게 미치는 영향. 석사학위논문. 대전대학교 대학원.
서정섭(2006). 단전호흡과 명상수련이 양궁선수들의 신체평형성과 폐기능에 미치는 영향. 석사학위논문. 계명대학교 교육대학원.
서정순(2014). 명상이 정신건강에 미치는 영향. 석사학위논문. 가야대학교 대학원.
이승구(2018). 마음챙김명상이 현대인의 스트레스 감소효과에 대한 동향 연구. 석사학위논문. 능인대학원대학교.
이진희(2001). 통찰명상 중의 경험내용에 대한 질적분석: 알아차림을 중심으로. 석사학위논문. 가톨릭대학교 대학원.
이춘호(2012). 한국 명상가들의 절정 체험과 삶에 대한 현상학적 연구. 박사학위논문. 서울불교대학원대학교.
임승택(2004). 위빠사나 수행의 원리와 실제. 불교연구, 20, 183-213.
장현갑(1996). 명상의 심리학적 개관: 명상의 유형과 정신생리학적 특징. 한국심리학회지: 건강, 1, 15-33.
장현갑(2000). 명상을 통한 자기 치유. 인문연구, (39), 255-283.
장현갑(2004). 명상의 세계. 정신세계사.
장현갑(2004). 스트레스 관련 질병 치료에 대한 명상의 적용. 한국심리학회지: 건강, 9(2), 471-492.
장현갑(2013). 명상에 답이 있다. 담앤북스.
장현갑, 강성군(2003). 스트레스와 정신건강. 학지사.
정태혁(2007). 실버 요가. 정신세계사.

Amen, D. G., & Routh, L. C. (2003). Healing anxiety and depression. Penguin.
Anand, A., Li, Y., Wang, Y., Wu, J., Gao, S., Bukhari, L., ... & Lowe, M. J. (2005). Activity and connectivity of brain mood regulating circuit in depression: a functional magnetic resonance study. Biological psychiatry,

57(10), 1079 – 1088.

Austin, M. P., Dougall, N., Ross, M., Murray, C., O'Carroll, R. E., Moffoot, A., ... & Goodwin, G. M. (1992). Single photon emission tomography with 99m Tc – exametazime in major depression and the pattern of brain activity underlying the psychotic/neurotic continuum. Journal of Affective Disorders, 26(1), 31 – 43.

Baehr, E., Rosenfeld, J. P., Baehr, R., & Earnest, C. (1998). Comparison of two EEG asymmetry indices in depressed patients vs. normal controls. International Journal of Psychophysiology, 31(1), 89 – 92.

Bench, C. J., Friston, K. J., Brown, R. G., Frackowiak, R. S. J., & Dolan, R. J. (1993). Regional cerebral blood flow in depression measured by positron emission tomography: the relationship with clinical dimensions. Psychological medicine, 23(03), 579 – 590.

Benjamin, J. S., & Virginia, A. S. (2007). Sysnopis of Psychiatry theth edition. Mood Disorder.

Benson, H., & Proctor, W. (2004). The breakout principle: How to activate the natural trigger that maximizes creativity, athletic performance, productivity, and personal well – being. Simon and Schuster.

Bourin, M. (2003). Use of paroxetine for the treatment of depression and anxiety disorders in the elderly: a review. Human Psychopharmacology: Clinical and Experimental, 18(3), 185 – 190.

Brefczynski – Lewis, J. A., Lutz, A. Schaefer, H. S., Levinson, D. B., Davidson, R. J. (2007). Neural correlates of attentional expertise in long – term meditation practitioners. Proceedings of the National Academy of Sciences of the United States of America, 194(27), 11483 – 11488.

Brewer, J. A., Worhunsky, P. D., Gray, J. R., Tang, Y. Y., Weber, J., & Kober, H. (2011). Meditation experience is associated with differences in default mode network activity and connectivity. Proceedings of the National Academy of Sciences, 108(50), 20254 – 20259.

Brody, A. L., Barsom, M. W., Bota, R. G., & Saxena, S. (2001). Prefrontal –subcortical and limbic circuit mediation of major depressive disorder. In Seminars in clinical neuropsychiatry, 6(2), 102–112.

Buddharakhita. A. (1989). Metta: The Philosophy & Practice of Universal Love. 1–23. SriLanka: Buddhist Publication Society.

Cahn, B. R., & Polich, J. (2006). Meditation states and traits: EEG, ERP, and neuroimaging studies. Psychological bulletin, 132(2), 180.

Carter, R. (2013). Mapping the mind. Hachette UK.

Chiesa, A., Calati, R., & Serretti, A. (2011). Does mindfulness training improve cognitive abilities? A systematic review of neuropsychological findings. Clinical psychology review, 31(3), 449–464.

Choo, C. S., Lee, S. H., Kim, H., Lee, K. J., Nam, M., & Chung, Y. C. (2005). Heart rate variability of Korean generalized anxiety disorder patients. Korean Journal of Biological Psychiatry, 12(1), 13–19.

Choron. F. (2011). The Places That Scare You. 구승준 역. 지금 여기에서 달아나지 않는 연습. 한문화. (원전은 2007에 출판)

Christoff, K., Gordon, A., & Smith, R. (2011). The role of spontaneous thought in human cognition. Neuroscience of decision making, 259–284.

Creswell, J. D., Way, B. M., Eisenberger, N. I., & Lieberman, M. D. (2007). Neural correlates of dispositional mindfulness during affect labeling. Psychosomatic medicine, 69(6), 560–565.

David, A. S. (1993). The Concise Dictionary of Psychology. 정태연 역 (1999). 심리학용어사전. 끌리오.

Davidson, R. J. (2002). Toward a biology of positive affect and compassion. Visions of compassion: Western scientists and Tibetan Buddhists examine human nature, 107–130.

Davidson, R. J., & Irwin, W. (1999). The functional neuroanatomy of emotion and affective style. Trends in cognitive sciences, 3(1), 11–21.

Davidson, R. J., Kabat-Zinn, J., Schumacher, J., Rosenkranz, M., Muller, D., Santorelli, S. F., ... & Sheridan, J. F. (2003). Alterations in brain and immune function produced by mindfulness meditation. Psychosomatic medicine, 65(4), 564-570.

Deuschle, M., Schweiger, U., Weber, B., Gotthardt, U., Körner, A., Schmider, J., ... & Heuser, I. (1997). Diurnal activity and pulsatility of the hypothalamus-pituitary-adrenal system in male depressed patients and healthy controls. The Journal of Clinical Endocrinology & Metabolism, 82(1), 234-238.

Feldman, G., Greeson, J., & Senville, J. (2010). Differential effects of mindful breathing, progressive muscle relaxation, and loving-kindness meditation on decentering and negative reactions to repetitive thoughts. Behaviour research and therapy, 48(10), 1002-1011.

Gang H. Y. et. al. (2003). Immunology. Seoul: World Science Publsher.

Gim, W. S., Shin, K. H., & Kim, K. I. (2014). Differences and similarities in the effects of two meditation methods: Comparing loving-kindness and compassion meditation with mindfulness meditation. The Korean Journal of Health Psychology, 19(2), 509-531.

Gard, T., Hölzel, B. K., & Lazar, S. W. (2014). The potential effects of meditation on age-related cognitive decline: A systematic review. Annals of the New York Academy of Sciences, 1307(1), 89-103.

Garland, E. L., Fredrickson, B., Kring, A. M., Johnson, D. P., Meyer, P. S., & Penn, D. L. (2010). Upward spirals of positive emotions counter downward spirals of negativity: Insights from the broaden-and-build theory and affective neuroscience on the treatment of emotion dysfunctions and deficits in psychopathology. Clinical Psychology Review, 30(7), 849-864.

Girdano, D. A., Everly, G. S., Dusek, D. E. (2008). Controlling Stress and Tension. San Francisco: Benjamin-Cummings Publishing Company. 김

금순, 곽금주, 김성재, 임난영, 임숙빈 역(2009). 스트레스와 긴장의 조절. 아카데미아.

Gotlib, I. H. (1998). EEG alpha asymmetry, depression, and cognitive functioning. Cognition & Emotion, 12(3), 449–478.

Grant, J. A., Courtemanche, J., & Rainville, P. (2011). A non–elaborative mental stance and decoupling of executive and pain–related cortices predicts low pain sensitivity in Zen meditators. PAIN, 152(1), 150–156.

Grant, J. A., Courtemanche, J., Duerden, E. G., Duncan, G. H., & Rainville, P. (2010). Cortical thickness and pain sensitivity in zen meditators. Emotion, 10(1), 43.

Hardt, J. V., & Kamiya, J. (1978). Anxiety change through electroencephalographic alpha feedback seen only in high anxiety subjects. Science, 201(4350), 79–81.

Henriques, J. B., & Davidson, R. J. (1991). Left frontal hypoactivation in depression. Journal of abnormal psychology, 100(4), 535.

Henriques, J. B., & Davidson, R. J. (1997). Brain electrical asymmetries during cognitive task performance in depressed and nondepressed subjects. Biological psychiatry, 42(11), 1039–1050.

Higgins, E. S., & George, M. S. (2013). Neuroscience of clinical psychiatry: The pathophysiology of behavior and mental illness. Lippincott Williams & Wilkins.

Hofmann, S. G., Grossman, P., & Hinton, D. E. (2011). Loving–kindness and compassion meditation: Potential for psychological interventions. Clinical psychology review, 31(7), 1126–1132.

Hölzel, B. K., Ott, U., Hempel, H., Hackl, A., Wolf, K., Stark, R., & Vaitl, D. (2007). Differential engagement of anterior cingulate and adjacent medial frontal cortex in adept meditators and non–meditators. Neuroscience letters, 421(1), 16–21.

Jha, A. P., Stanley, E. A., Kiyonaga, A., Wong, L., & Gelfand, L. (2010).

Examining the protective effects of mindfulness training on working memory capacity and affective experience. Emotion, 10(1), 54.
Kabat－Zinn, J. (1990). Full catastrophe living: Using the wisdom of your body and mind to face stress, pain, and illness. New York: Delta.
Kang, D. H., Jo, H. J., Jung, W. H., Kim, S. H., Jung, Y. H., Choi, C. H., ... & Kwon, J. S. (2012). The effect of meditation on brain structure: cortical thickness mapping and diffusion tensor imaging. Social cognitive and affective neuroscience, 8(1), 27－33.
Kim, J. H, & Kim S. J. (2006). Understanding and managing stress. Seoul: Sigmapress.
Klimecki, O. M., Leiberg, S., Lamm, C., & Singer, T. (2012). Functional neural plasticity and associated changes in positive affect after compassion training. Cerebral Cortex, bhs142.
Klimecki, O. M., Leiberg, S., Ricard, M., & Singer, T. (2013). Differential pattern of functional brain plasticity after compassion and empathy training. Social cognitive and affective neuroscience, 9(6), 873－879.
Kristeller, J. L., & Johnson, T. (2005). Cultivating Loving Kindness: A Two Stage Model of the effects of meditation on Empathy, Compassion, and Altruism. Zygon, 40(2), 391－408.
Lama, D., & Goleman, D. (2003). Destructive emtions. How can we overcome them.
Lazar, S. W., Kerr, C. E., Wasserman, R. H., Gray, J. R., Greve, D. N., Treadway, M. T., & Rauch, S. L. (2005). Meditation experience is associated with increased cortical thickness. Neuroreport, 16(17), 1893.
Ledoux, J. (1998). The Emotional Brain. 최준식 역(2006). 느끼는 뇌. 학지사.
Lee, T. Y. (2003). Hatha yoga. Seoul: Buddha.
Leiberg, S., Klimecki, O., & Singer, T. (2011). Short－term compassion training increases prosocial behavior in a newly developed prosocial game. Plos One, 6(3), e17798.

Luders, E. (2014). Exploring age-related brain degeneration in meditation practitioners. Annals of the New York Academy of Sciences, 1307(1), 82-88.

Lutz, A., Greischar, L. L., Rawlings, N. B., Ricard, M., & Davidson, R. J. (2004). Long-term meditators self-induce high-amplitude gamma synchrony during mental practice. Proceedings of the national Academy of Sciences, 101(46), 16369-16373.

Maron-Katz, A., Ben-Simon, E., Sharon, H., Gruberger, M., Cvetkovic, D. (2014). A neuroscientific perspective on meditation. In Pscychology of Meditation. 99-128. New York: Nova Science Publisher.

Moon, E. S. (2012). Developing aspects on conception of Maitrīkaruṇān Mahāyāist buddhism scriptures. Journal of Buddhist Professors in Korea, 18(1), 167-186.

Murata, T., Suzuki, R., Higuchi, T., & Oshima, A. (2000). Regional cerebral blood flow in the patients with depressive disorders. The Keio journal of medicine, 49, A112-3.

Newberg, A. B., & Iversen, J. (2003). The neural basis of the complex mental task of meditation: neurotransmitter and neurochemical considerations. Medical hypotheses, 61(2), 282-291.

Park, S. H., Seoung, S. Y., & Mi, S. (2016). A mixed-methods study of the psychological process of loving-kindness meditation and its effects on heart-smile meditation participants. The Korean Journal of Counseling and Psychotherapy, 28(2), 395-424.

Plotkin, W. B., & Rice, K. M. (1981). Biofeedback as a placebo: Anxiety reduction facilitated by training in either suppression or enhancement of alpha brainwaves. Journal of consulting and Clinical Psychology, 49(4), 590.

Posner, M. I., & Raichle, M. E. (1995). Precis of images of mind. Behavioral and Brain Sciences, 18(02), 327-339.

Purves, D., Cabeza, R., Huettel, S. A., LaBar, K. S., Platt, M. L., Woldorff, M. G., & Brannon, E. M. (2008). Cognitive neuroscience. Sunderland: Sinauer Associates, Inc.

Putnam, K. M., & McSweeney, L. B. (2008). Depressive symptoms and baseline prefrontal EEG alpha activity: a study utilizing Ecological Momentary Assessment. Biological psychology, 77(2), 237–240.

Rennie, C. J., WRIGHT, J. J., & ROBINSON, P. A. (2000). Mechanisms of cortical electrical activity and emergence of gamma rhythm. Journal of Theoretical Biology, 205(1), 17–35.

Rosenbaum, J. F., Moroz, G., & Bowden, C. L. (1997). Clonazepam in the treatment of panic disorder with or without agoraphobia: a dose–response study of efficacy, safety, and discontinuance. Journal of clinical psychopharmacology, 17(5), 390–400.

Rubia, K. (2009). The neurobiology of meditation and its clinical effectiveness in psychiatric disorders. Biological psychology, 82(1), 1–11.

Salzberg, S. (2005). Lovingkindness. 김재성 역. 붓다의 러브레터. 정신세계사. (원전은 1995년에 출판)

Selye, H. (1976). The Stress of Life. New York: McGraw–Hill.

Siegel, R. D., Germer, C. K., & Olendzki, A. (2009). Mindfulness: What is it? Where did it come from?. In Clinical handbook of mindfulness, 17–35. Springer, New York, NY.

Springer, S. P., & Deutsch, G. (1981). Left brain, right brain. NY: W. H. Freeman.

Steingard, R. J., Renshaw, P. F., Yurgelun–Todd, D., Appelmans, K. E., Lyoo, I. K., Shorrock, K. L., ... & Poussaint, T. Y. (1996). Structural abnormalities in brain magnetic resonance images of depressed children. Journal of the American Academy of Child & Adolescent Psychiatry, 35(3), 307–311.

Stordal, K. I., Lundervold, A. J., Egeland, J., Mykletun, A., Asbjørnsen, A.,

Landrø, N. I., ... & Lund, A. (2004). Impairment across executive functions in recurrent major depression. Nordic journal of psychiatry, 58(1), 41–47.

Tang, Y. Y., Ma, Y., Fan, Y., Feng, H., Wang, J., Feng, S., ... & Fan, M. (2009). Central and autonomic nervous system interaction is altered by short–term meditation. Proceedings of the National Academy of Sciences, 106(22), 8865–8870.

Tang, Y. Y., Rothbart, M. K., & Posner, M. I. (2012). Neural correlates of establishing, maintaining, and switching brain states. Trends in cognitive sciences, 16(6), 330–337.

Thomas, J. E., & Sattlberger, E. (1997). Treatment of chronic anxiety disorder with neurotherapy: A case study. Journal of Neurotherapy, 2(2), 14–19.

Vuga, M., Fox, N. A., Cohn, J. F., George, C. J., Levenstein, R. M., & Kovacs, M. (2006). Long–term stability of frontal electroencephalographic asymmetry in adults with a history of depression and controls. International Journal of Psychophysiology, 59(2), 107–115.

Waugh, J., & Goa, K. L. (2003). Escitalopram. CNS drugs, 17(5), 343–362.

Weng, H. Y., Fox, A. S., Shackman, A. J., Stodola, D. E., Caldwell, J. Z., Olson, M. C., ... & Davidson, R. J. (2013). Compassion training alters altruism and neural responses to suffering. Psychological science, 24(7), 1171–1180.

Xue, S., Tang, Y. Y., & Posner, M. I. (2011). Short–term meditation increases network efficiency of the anterior cingulate cortex. Neuroreport, *22*(12), 570–574.

安藤 治(2009). 김재성 역. 명상의 정신의학. 민족사.

공저자 약력

신재한

경북대학교 교육학박사

한국청소년상담학회 융합상담분과 Supervisor

국제뇌교육종합대학원대학교 뇌교육학과 교수

교육부 연구사

한국교육개발원 연구위원

한국교육과정평가원 교수학습센터 운영위원

임운나

브레인코칭상담협회 회장

브레인코칭상담연구소 소장

인성교육연구원 수석연구원

대구교육대학교, 김천대학교 등 외래교수

우정공무원교육원 등 관공서 및 기업체 외래교수

뇌파코칭상담 및 브레인힐링명상 전문가

상담전문가1급 및 국가공인 브레인트레이너

뇌를 최적화시키는 생활명상 10분

-뇌과학 명상을 활용한 알아차리는 기술-

초판발행 2020년 6월 20일

지은이 신재한 · 임운나
펴낸이 노 현

편 집 조보나
기획/마케팅 오치웅
표지디자인 박현정
제 작 우인도 · 고철민

펴낸곳 ㈜ 피와이메이트
서울특별시 금천구 가산디지털2로 53 한라시그마밸리 210호(가산동)
등록 2014. 2. 12. 제2018-000080호
전 화 02)733-6771
f a x 02)736-4818
e-mail pys@pybook.co.kr
homepage www.pybook.co.kr
ISBN 979-11-6519-073-6 93180

정 가 17,000원